JN269907

太平洋横断ヨットレースを目指す人へ
トランスパック読本
Team Bengal's Book of Transpac

舵社

序　文
チーム・ベンガル・キャプテン　邨瀬愛彦

南国の楽園にいざなう貿易風、ジェネカーにダウンウインドを受けながらサーフィングを繰り返し、夜は満天の星を見て10日後、夢の島にフィニッシュする。ワッチもきついけれど、サーフィングのスピード感がたまらない。

私がトランスパックのことを知ったのは、20代半ばの頃に読んだ石原慎太郎さんの小説「星と舵」である。この本に刺激されて、私はトランスパックに憧れを抱く。そしてそれを現実のものとしたのは、早かったのか遅かったのか、それから25年後である。

2001年に最初の挑戦をして以後、2011年までの6回すべて参加した。これまでの最高成績は、クラス着順1位、クラス3位である。2007年には、このレースを攻略することを主眼にしてカスタムボートを造った。回を重ねるごとにクルーの経験錬度も上がってレース内容も進化してきた。そうしてなんとかクラス優勝を、と目指しているのだが、なかなか難しい。

トランスパックというのは、淡々としたレースだ。たとえば日本の外洋レースで楽しめるようなドラマチックな逆転劇というのはあまりない。ロサンゼルス沖をスタートしたあとは南カリフォルニア沖をしばらく南下しながら、太平洋高気圧の縁のどのあたりを選んでハワイに針路を向けるのかを悩む。南に行けば行くほど、大圏コース（最短距離）からは遠くなるが、より良い風をつかめる可能性は高くなることが多い。心を決めていったんハワイに船を向けたら、あとはスピンネーカーを揚げてひたすらダウンウインドで走り続けることになる。北よりのコースか、南よりのコースか、はたまたその中間か、競争相手の誰がより良い風をつかんで頭を出すのか。一喜一憂しながらの毎日が続く。ハワイの手前に近づくと、オアフ島ダイヤモンドヘッド沖のフィニッシュに向かって、南北に散らばっていた船が集まってくる。ここからが最後の勝負。少しでも順位を上げるためのかけ引きが面白い。

文庫版「星と舵」石原慎太郎氏著　1969年　新潮社刊(絶版)

邨瀬愛彦（むらせよしひこ）
1951年12月20日生まれ。医学博士（産婦人科・生殖医学）。ラグーナマリーナヨットクラブ会員。チーム・ベンガル・キャプテン。

高校、大学（昭和大学）ではラグビー部に所属。大学時代、油壺にヨットを持っていた先輩に誘われてそのクルーになったのがヨットとの最初の出会い。25歳で初めてのマイボート（ヤマハ25）を友人と共同購入し、鳥羽レースなど数多くの外洋レースに参加した。
1987年、〈ホライズン5〉（ヨコヤマ31）で出場した第28回鳥羽パールレースでは、参加全97艇中着順7位、修正順位で念願の総合優勝を果たした。
1991年、小林正和氏から借り受けた〈ベンガルⅡ〉で第2回メルボルン～大阪ダブルハンドレースに出場。以来、〈ベンガルⅡ〉を使って、鳥羽レース（ファーストホーム2度）、上海レース（大型艇部門優勝）など、活発なレース活動を続ける。
1995年には、第3回メルボルン～大阪ダブルハンドレースに再び出場した。このときは、現在もベンガルチームのスキッパーを務める伊藤陽一（ドイルセイルジャパン）とコンビを組み、着順4位、日本艇ではトップに入った。
2001年を皮切りに、トランスパックへの挑戦を開始し、以後毎回出場を果たしている。2002年にはパシフィックカップ（サンフランシスコ～ハワイ）にも出場。
2007年に、トランスパックを主なターゲットにして開発したカスタムボート〈ベンガル7〉を建造し、2007年のレースでデビューさせた。
2011年は、6度目のトランスパックを終えて帰国後すぐに、〈ホライズン〉で鳥羽レースに参加し、2度目の総合優勝を果たす。
外洋レースへの挑戦意欲はますます盛ん。トランスパックにとどまらず、国内外のメジャーオーシャンレースへの参戦を視野に入れている。

トランスパックの魅力は、100年以上の伝統を持つ世界屈指の大洋横断レースであること、米国を中心に超一流のレース艇も参加して一緒にレースができること、ハワイという明るい南国の島に向かってダウンウインドで走り続けられること、などが挙げられる。しかしことのほか素晴らしいのは、フィニッシュしてからオアフ島ワイキキで受ける歓迎だ。海を越えてやってきた者たちを、ハワイの人たちは敬意を持って温かく迎えてくれる。その心意気はトランスパックの良き伝統として今も変わらずに生きている。フィニッシュの瞬間からそれに続く数日間は、レース参加者にとってはまさにこの世の楽園である。
この本で、少しでも多くの方々にこのレースの魅力を伝えることができたらと思う。そしていつかは挑戦してみたいという思いを秘める（というか、セーリングという"麻薬"に憑りつかれてしまった？）同胞のヨット好きたちに、私たちのチームの経験がお役に立てばと願っている。
最後に、歴史ある海の出版社である舵社に感謝。

Preface
by Yoshihiko Murase / Team Bengal Captain

Sailing Downwind following the trade winds with a full gennaker and under star filled sky, it takes about 10 days to arrive at paradise in the southern islands. Watch on duty is a tough job but nothing is more thrilling than that feeling of speed as you ride the surf.

When I was in my mid-twenties I read the novel "Stars and helm" written by Shintaro Ishihara from which I learned about Transpacific Race. The book inspired me and I started to long to enter the race myself. The dream finally came true after 25 years.

My first race was in 2001. Since then we have entered 6 consecutively races during which time our best mark claimed line honor in our division, third place on corrected time. I had a boat built in 2007 with the purpose of capturing the race. Crewmembers have achieved a better degree of proficiency and increased their effort with each race. But I know it's kind of hard to try to be the winner of the division.

The Transpac is rather cool and gentle. Starting off from Los Angeles, competitors go southward along off Southern California for a while. But a crucial decision is whether to steer a course to Hawaii along the edge of the Pacific High. The more you head south, there is a high chance to get good wind, but the more you get away from the shortest course. Once you have set your mind to head to Hawaii, you will concentrate on sailing downwind under spinnaker. As the race goes on you will think whether you take a northerly course, southerly course or somewhere in-between, who will take a lead with favorable winds over the fleet, etc. You will react at times hopefully and despairingly to competitors' daily position. As approaching nearer to Hawaii, all the boats are converging on the finish off the Diamond Head lighthouse, Oahu Island coming from all over their way. Now comes the last difficult part. Competitors deal with every possible tactics to get higher position.

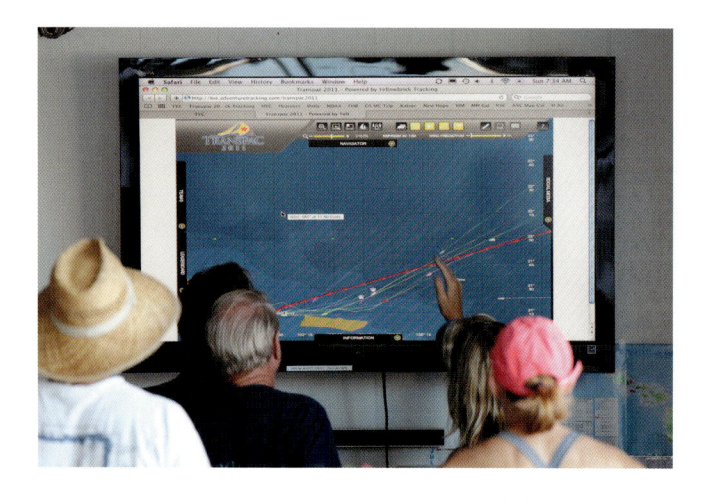

Profile
Yoshihiko Murase

Borne on 20 December 1951. Doctor of Medicine (Gynecology, Reproductive medicine). Member of Laguna Marina Yacht Club. Team Bengal Captain.

Belonged to the rugby football club in High school and University (Showa Univ.). He first became exposed to yachting in his college days when he was invited to be a crewmember by his senior who owned a sailing boat at Aburatsubo. He made a joint purchase of a boat (Yamaha 25) with some of his friends at the age of 25 and took part in many races such as Toba Pearl Race and offshore races.

Bengal 7 finishing the Transpac 2011

In 1987 he got in the 28th Toba Pearl Race on his second boat, Horizon (Yokoyama 31) with the result of 7th across the line out of 97 boats and overall victory on corrected time. He made the long-sought goal. He borrowed Bengal II from Mr. Masakazu Kobayashi and challenged the 2nd Melbourne/Osaka Double-Handed Yacht Race in 1991 for the first time. Starting with races on Bengal II, he continued doing races with energy such as Toba Pearl Race (line honor twice), Pan-Pacific Yacht Race (Shanghai/Osaka) and many more. In 1995 he once again participated in the 3rd Melbourne/Osaka Double-Handed Race with his partner, Mr. Yoichi Ito (Doyle Sail Japan) who has been the skipper of Team Bengal, and placed fourth (finished in the first among the Japanese challengers).

He started the Transpac challenge in 2001 for the first time and has made every race appearance up until now. He came back again to the Pacific in 2002 to do the Pacific Cup (San Francisco to Hawaii) with enthusiasm. Then he built a custom boat in 2005, which was developed mainly targeting the Transpac Race, and he made possible the Race debut in 2007. In 2011 right after his 6th Transpac Race, he and his team returned back to Japan to participate in the Toba Pearl Race with his Horizon. He made the overall victory for the second time in the race.

More and more his motivation for challenging ocean races has been generated, he brings race entries into view not only to the Transpac Race but also major ocean races in Japan and overseas.

I am fascinated with the Transpac not only because it is world renown as a traditional cross-ocean yacht race with over 100 years of its history involving topnotch racers mainly from USA, but also because of the wonderful downwind sailing toward the southern island in the Pacific. Warm hospitality, among others, cordially extended at Waikiki upon finish is really something. The people in Hawaii give a warm welcome with a kind respect to anyone coming across the water. This is a good tradition of Transpac, and that spirit of Hawaiian hospitality is still prevailing. Therefore Hawaii is indeed a paradise for the race participants to spend their time praising each other's performances and relaxing for a couple of days after crossing the finish line.

I would be greatly pleased if I could convey my fascination of the race to as many people as possible through this book. Also it is my sincere hope that our team's experience shared herein could be of any help to those who dream of participating in the challenging race someday.

Finally, I would like to express my appreciation to KAZI Co., Ltd. for this publication.
Translation / K. Terao

CONTENTS

序文：チーム・ベンガル・キャプテン　邨瀬愛彦
Preface : Team Bengal Captain / Yoshihiko Murase　▶P002

グラビア
Images of the Transpac　▶P008

1 トランスパックとは　文／大橋且典
About the Transpac Honolulu Race　▶P023

1-1 トランスパック100年の歴史　▶P024
1-2 日本艇参加の歴史　▶P026
1-3 歴代の著名艇たち　▶P028
1-4 歴史に残るクラスボート　▶P030
1-5 トランスパック以外の太平洋レース　▶P034
1-6 トランスパックの名物男　1　ビル・リー　▶P036
　　　　　　　　　　　　　2　ジェリー・モンゴメリー　▶P037
1-7 トランスパックを支えるハワイのボランティア　文／寺尾真裕子　▶P038

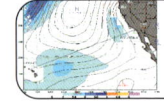

2 レースの実際―気象と戦略の基礎知識　文／大橋且典
Weather and Strategy Basics　▶P041

3 レースに向けて―準備の実際・ベンガル7の場合　文／大橋且典
Preparations　▶P049

3-1 トランスパックに適したボートとは　▶P050
3-2 トランスパックのレーティング　▶P054
3-3 レース・ナビゲーション　▶P056
3-4 レース中の通信システム　▶P062
3-5 レース中の水と食糧　▶P064
3-6 セール・インベントリーとリペア用具　▶P066
3-7 レース中のワッチシステム　▶P072

目 次

4 太平洋横断回航の実際　文／大橋且典
Trans Pacific delivery　▶P074

4-1 使用艇、ベンガルⅡとベンガル7について　▶P076
4-2 回航の航路と気象　▶P080
4-3 乗組員とワッチ　▶P086
4-4 回航中の通信　▶P088
4-5 水と食糧　▶P089
4-6 資料１：ベンガル7　北太平洋回航・食糧リスト　▶P090
4-7 資料２：回航用ワードローブ（衣類）リスト　▶P092

5 トランスパック 2011 ベンガル７写真集
Bengal 7's Transpac 2011 race images　▶P094

6 こわれないチームを作る　インタビュー／邨瀬愛彦
Captain Interview　▶P132

7 外洋への準備─トランスパックレースのための事前セミナー・テキストから
Offshore Boat Preparation / TPYC's Race Prep seminar　▶P134

8 資料：レースクルーのワードローブ（衣類）
Race Crew Wardrobe　▶P144

9 スタート地ロングビーチと、フィニッシュ地オアフ島ホノルル
Long Beach & Honolulu　▶P156

奥付
colophon / production notes　▶P160

007

ロサンゼルス・ファーミン岬沖からのスタート　photo / Sharon Green

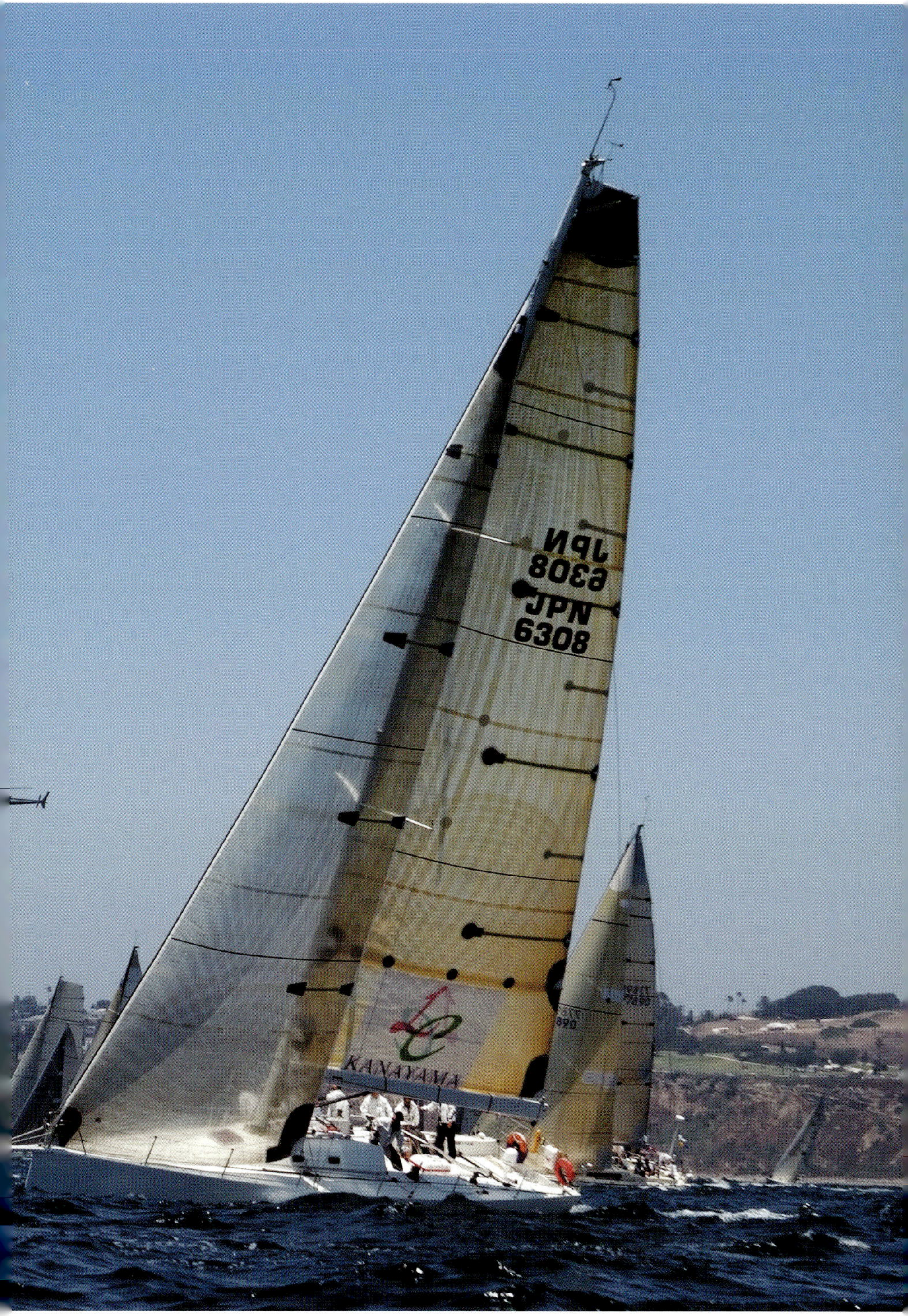
JPN
6308
KANAYAMA

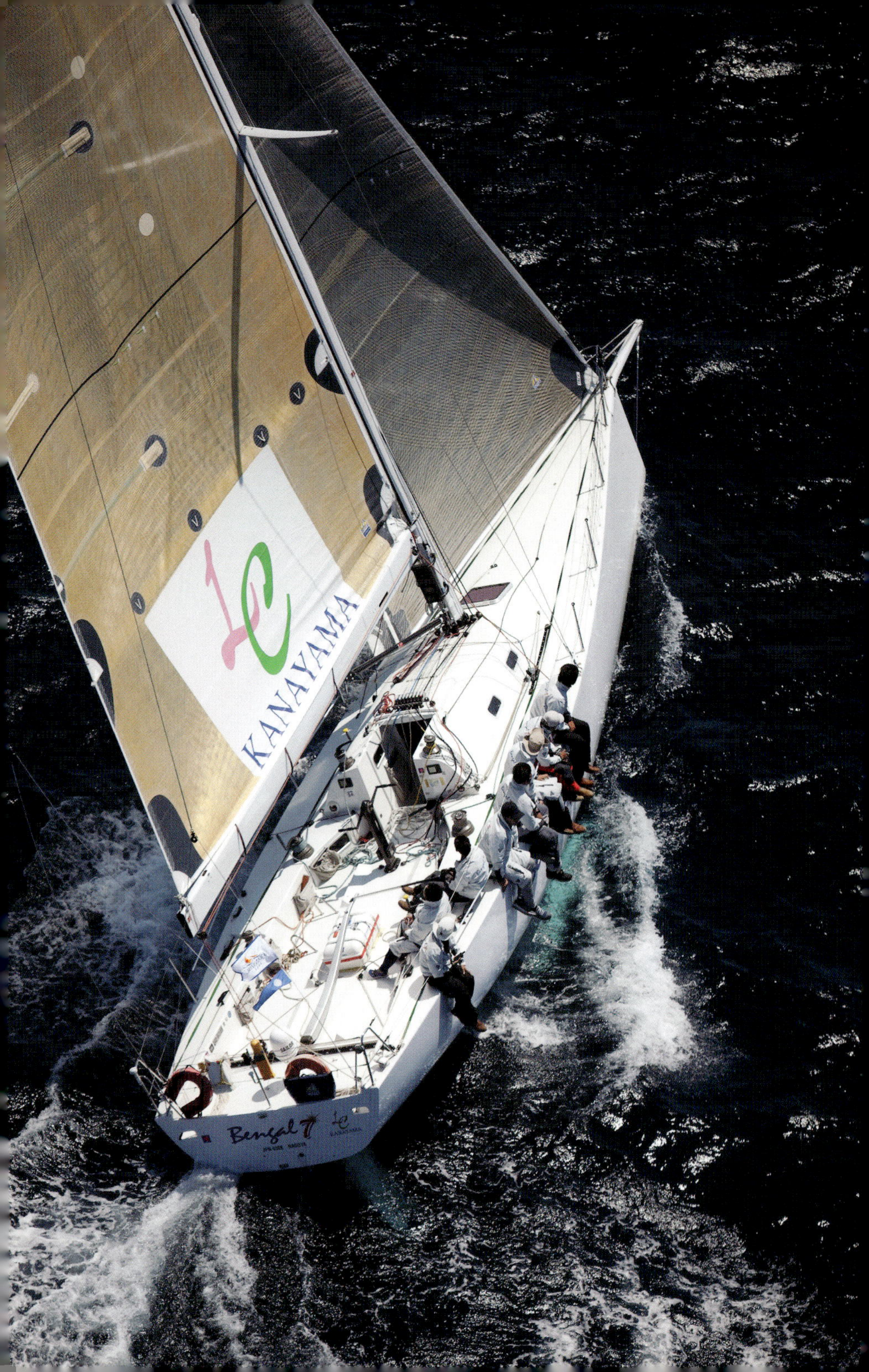
KANAYAMA
Bengal 7

スタート後最初のウェイポイント、
サンタ・カタリナ島に向かうベンガル7
photo / Sharon Green

レース前半、太平洋の夜明け photo / Team Bengal

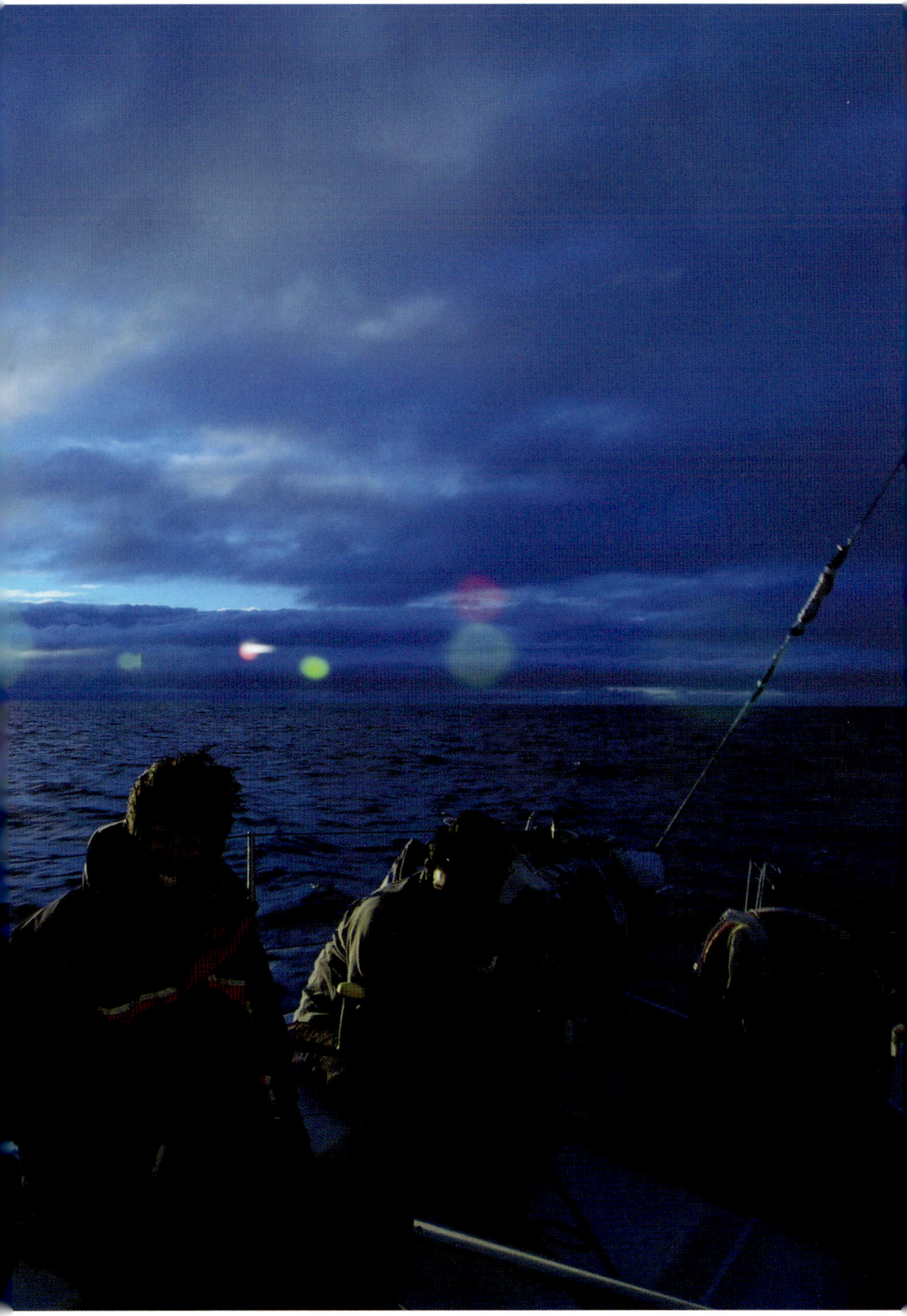

ホノルルに向けダウンウインドでひた走る　photo / Team Bengal

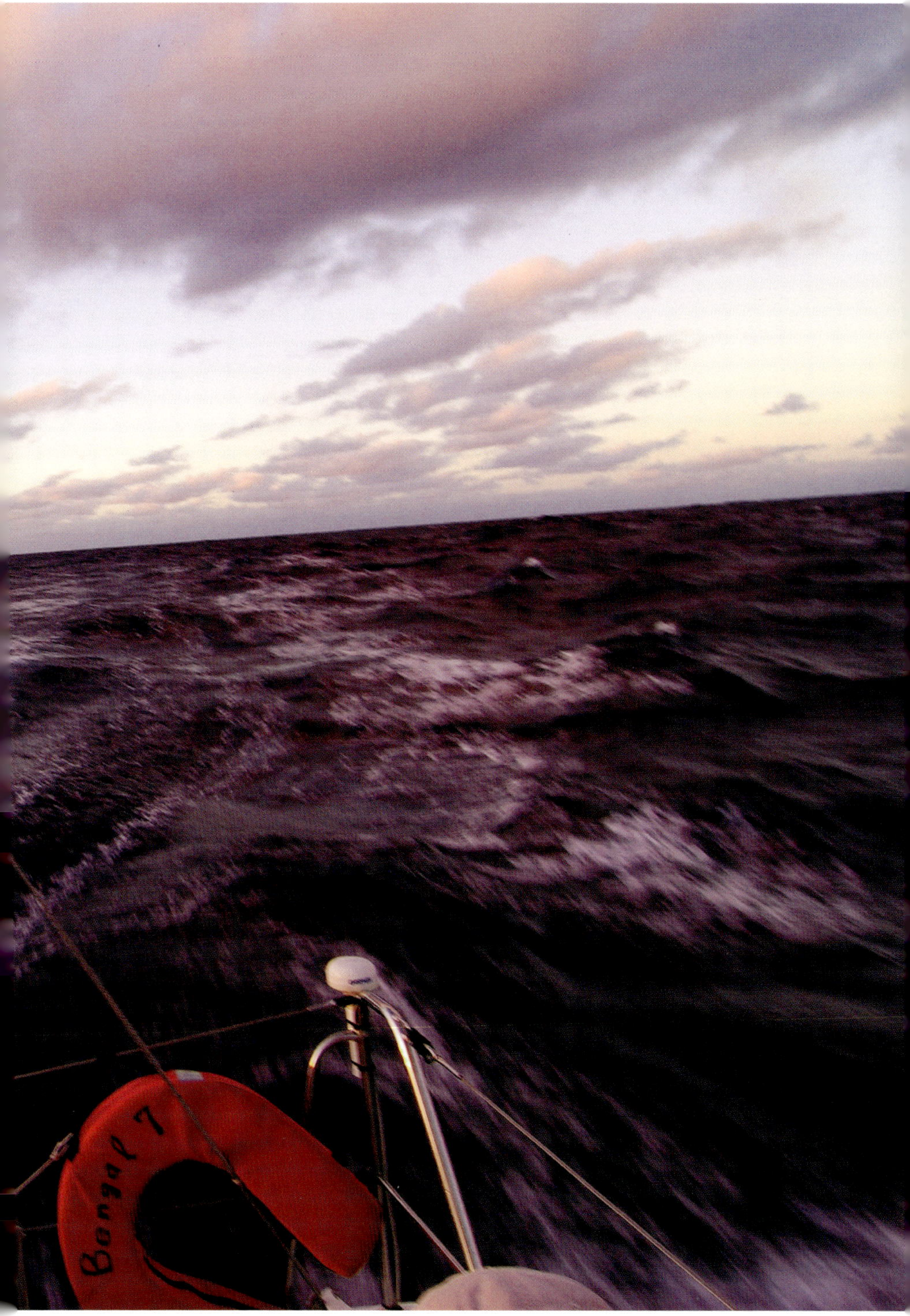

photo / Team Bengal

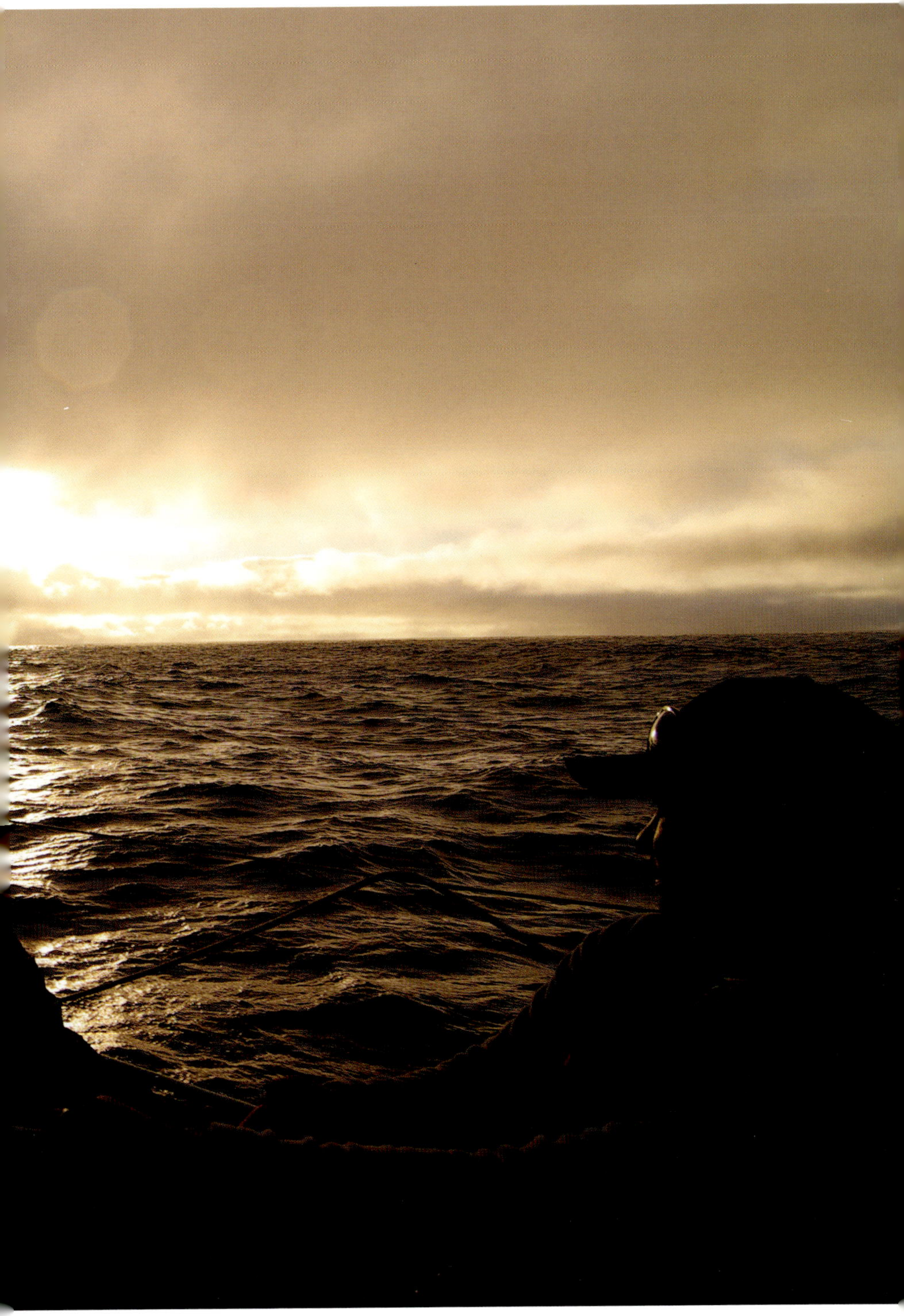

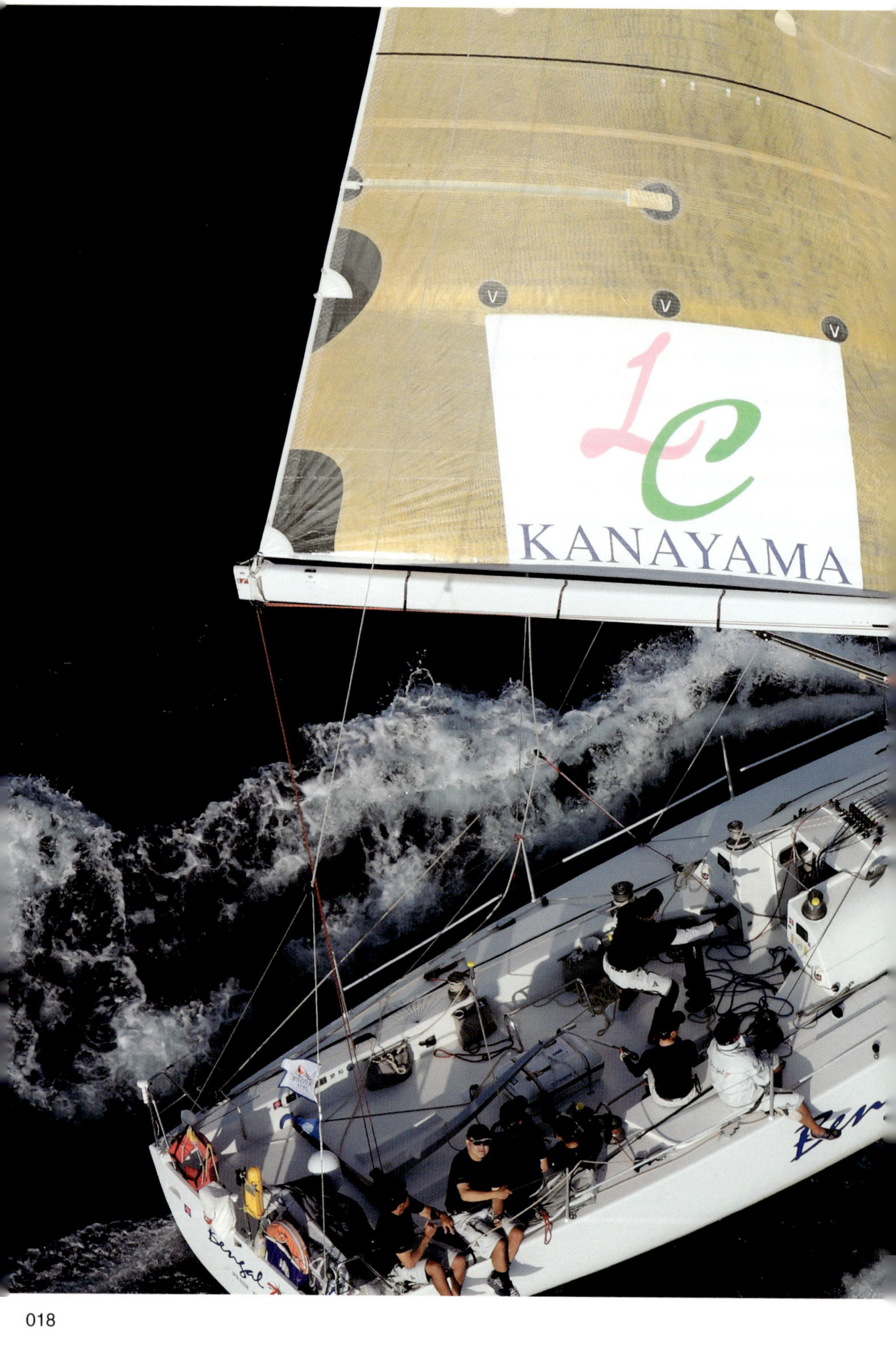
KANAYAMA

フィニッシュに向けて
最後のアプローチに入る
photo / Yoichi Yabe

①2011年のファーストホーム(1着)、〈ベラメンテ〉　②フィニッシュ直前のハプニング。メキシコから参加の〈ペリグロッソ〉　③オアフ島ダイヤモンドヘッド沖のフィニッシュへ　photo / Yoichi Yabe

③

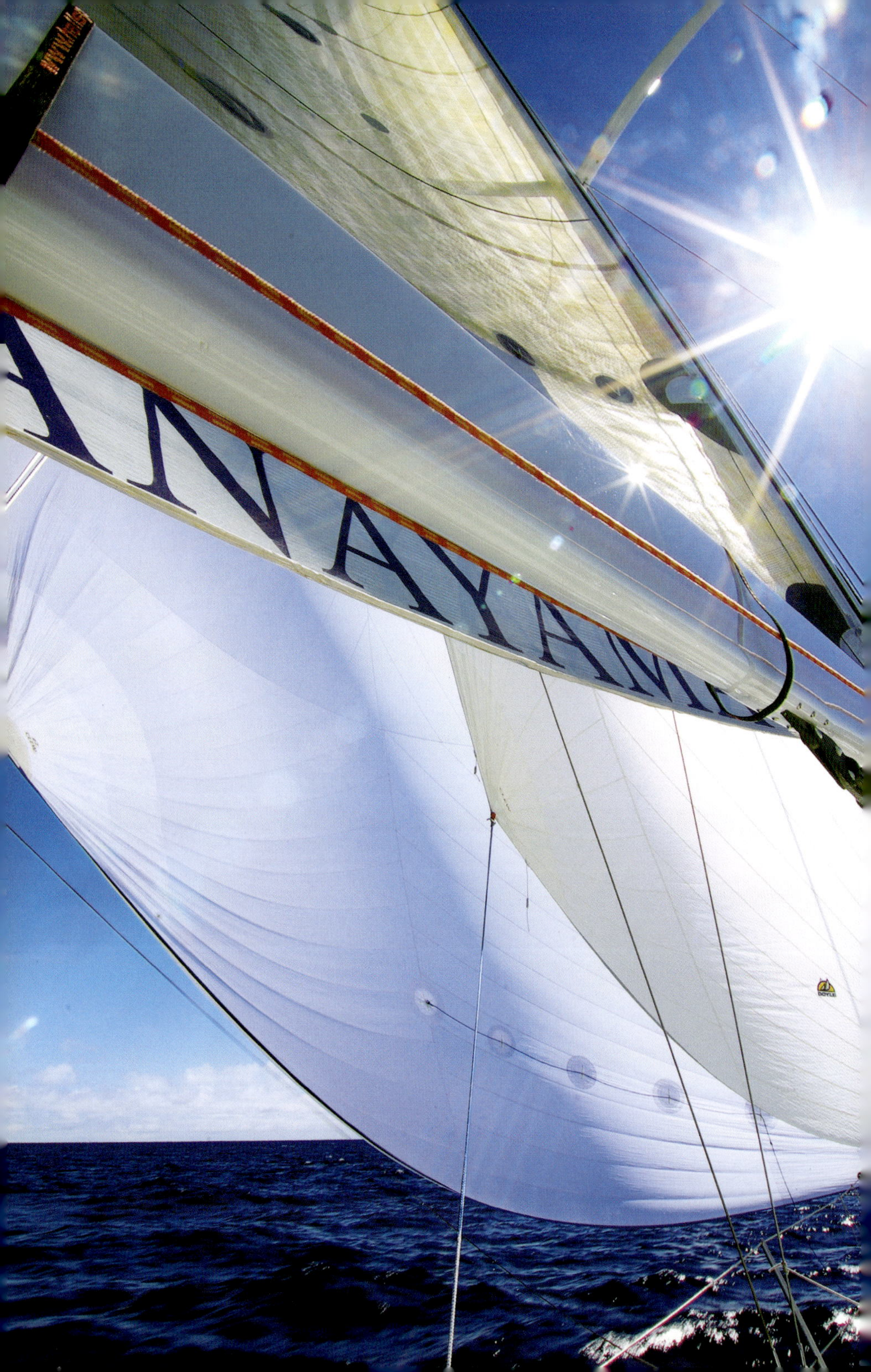

1 トランスパックとは
About the Transpac Honolulu Race

文／大橋且典

20世紀初めに始まった世界でもっとも古い大洋横断ヨットレースのひとつ、トランスパック（Transpac Honolulu Race）はどのようにして始まり、発展を遂げてきたのか。
100年以上にわたって、世界のセーラーたちを魅了し続けている理由は何か。日本艇挑戦の歴史は。
まずは、トランスパックの全体像から眺めてみる。

トランスパックを完走したクルーに与えられる栄えある盾

1-1 History of the Transpac
トランスパック100年の歴史

始まり

第1回のトランスパックレースは1906年に開催された。現在から数えれば100年以上の昔である。あのアメリカ号がワイト島一周レースで優勝したのが1851年、幕末時代の咸臨丸が太平洋を往復横断したのが1860年だといえば、それなりに見当がつくかもしれない。

ちなみにアメリカ東部のクラシックオーシャンレースの雄、ニューポート・バーミューダレースも同じ1906年に始まった。

イギリスのファストネットレースは1925年、オーストラリアのシドニーホバートレースは1945年に開始されている。

コースレコード

レースコースはロサンゼルスからホノルルまでで、距離は2,225マイル。第1回レースのスタートはドラマティックであった。本来はサンフランシスコからスタートする予定であったが、その直前にあの歴史的なサンフランシスコ大地震・大火災が発生した。その影響で、同所に集合していたレース艇はそのままロサンゼルスに移動して、そこからスタートを切った。以後このレースのスタートは原則的にロサンゼルス

2009年にコースレコードを打ち立てた〈アルファロメオ〉
photo / Murray Spence / Alfa Romeo

からということになった。当初は基本的に西暦偶数年毎の開催だったが、1939年から奇数年開催となり今に至っている。スタートは長い間、原則7月4日(アメリカ独立記念日)に全艇一斉という形で行われてきた。しかし、参加各艇のスピードが大きく違い、フィニッシュタイムが拡散するケースが多いことから、これを避ける意味で、1991年から現行の複数日の複数スタート方式が採用されることになった。遅いボートのクラスから先にスタートしていくというやりかただ。現在までのコースレコードは2009年にAlfa Romeoが出した5日14時間36分20秒である。

著名人たち

トランスパックに参加した著名人は、日本で名の知れた人だけでも、ジョン・F・ケネディ大統領の末弟エドワード(テッド)・ケネディ元上院議員、ターザン俳優のワイズ・ミューラー、オリンピックスイマーのマーク・スピッツ、先住ハワイ人でアメリカウォータースポーツ界の超人デューク・カハナモク(1934年Manuiwaで総合優勝)、日本の俳優石原裕次郎など多数いる。

トランスパックを題材にした日本語の本は「星と舵」石原慎太郎著　新潮文庫、「大いなる海へ」石原慎太郎著　舵社、「折れたマスト」丹羽徳子、吉田弘明、曽我二郎共著　丸ノ内出版などがある。

ハワイの英雄、デューク・カハナモクもレース優勝者のひとり　写真／ハワイ州観光局

トランスパック開催のきっかけ

そもそもの始まりはハワイの当時の統治者King Kalakauaであった。彼は1886年、自身の誕生日にからめて、アメリカとの友好親善の目的で、サンフランシスコのPacific Yacht Club宛てに、サンフランシスコからホノルルまでのオーシャンレースを招請した。しかしこれは残念ながら直接実現には至らなかった。

このレースが実際に始まるのは、その20年後である。その間、歴史は大きく動く。King Kalakauaは1891年に亡くなり、ハワイは1900年にアメリカ合衆国の植民地となった。そしてレースはそのあとにやってきた。このイベントをきっかけにして、アメリカ本土に対する当地の認知度を高めようとする、ハワイ側の熱意はついに実を結んだのである。

メリー・モナーク(陽気な君主)と呼ばれたハワイの第7代国王ディビッド・カラカウア王
photo / Hawaii State Archives

1-2 Japanese Challenges
日本艇参加の歴史

過去トランスパックに参加した日本艇は意外と多い。

1961年	日本丸(所要時間　以下同：17日11時間)
	海王丸(18日22時間)
	両船とも特別参加
1963年	コンテッサⅢ(15日09時間)
1965年	コンテッサⅢ(14日04時間)
	チタⅡ(16日04時間)
1967年	なし
1969年	チタⅢ(12日02時間)
1971年	なし
1973年	コンテッサⅢ(14日23時間)
1975年	都鳥Ⅲ(11日22時間)
	ディックチタ(13日00時間)
	ビンドフェンペデル(13日18時間)
1977年	月光Ⅴ(12日10時間)
1979年	都鳥Ⅲ(14日12時間)
	ノミⅢ(16日02時間)
	カレラ(16日08時間)
1981年	なし
1983年	摩利支天(11日14時間)
1985年	摩利支天(12日00時間)
	スーパーサンバード(13日13時間)
1987年	摩利支天(9日19時間)
	ロシナンテ(11日13時間)
1989年	摩利支天(9日01時間)
	ロシナンテ(9日03時間)
1991年	ロシナンテ(12日09時間)
	タキオン(13日19時間)
1993年	月光Ⅷ(11日04時間)
1995年	ハツ(リタイア)
1997年	なし
1999年	なし
2001年	ベンガルⅡ(9日16時間)
	バロネッサⅤ(10日00時間)

①

②

③

2003年　ベンガルⅡ（9日23時間）
2005年　ビーコム（8日07時間）
　　　　ベンガルⅡ（10日08時間）
2007年　タキオンⅢ（10日22時間）
　　　　ベンガル7（12日06時間）
　　　　夢ひょうたん（13日01時間）
2009年　ベンガル7（10日06時間）
　　　　タキオンⅢ（10日17時間）
　　　　レグラス（10日23時間）
2011年　ベンガル7（9日19時間）

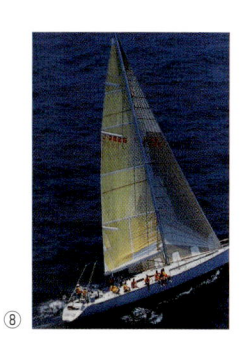

①海王丸　photo / Yoichi Yabe
②コンテッサⅢ　舵誌より転載
③チタⅡ　舵誌より転載
④都鳥Ⅲ　舵誌より転載
⑤摩利支天　舵誌より転載
⑥スーパーサンバード　舵誌より転載
⑦ロシナンテ　舵誌より転載
⑧月光Ⅷ　舵誌より転載
⑨ビーコム　photo / Yoichi Yabe
⑩2009年の日本からの参加艇、右から〈レグラス〉、〈タキオンⅢ〉、〈ベンガル7〉　photo / Yoichi Yabe

1-3 Memorable Competitors
歴代の著名艇たち

La Paloma

これは第1回レースの提唱者「トランスパックの父」Clarence MacFarlane（在ホノルル）の所有艇である。第1回レースはこの艇と僚艇2艇の合計3艇で競われた。レースはLurline（86フィートスクーナー）の完全優勝で終わった。ちなみに同艇の所要時間は12日と10時間である。86フィートとはいえ、現在から数えて100年以上前のフネである。意外と速いと思うがいかがであろう。

Stomvogel

ヴァンデスュタット設計のStormvogel（73フィート、南アフリカ）は、1967年のレースで外国（アメリカから見て）艇として初めてファーストホームを飾った。以後、外国艇のファーストホーマーはあとにも先にもこのStormvogelただ1艇という時代が長く続いた。38年後の2005年になってやっとMorning Glory（ドイツ）が、そして2009年にAlfa Romeo（ニュージーランド）がそれに続くこととなった。現在までのところ、外国艇のファーストホーマーはこの3艇のみである。

①

Mir

1965年に参加した日本のChita Ⅱはレース中にディスマストしたが、ミズンマストをメインマストの位置に立て直して完走した。
一方1969年のレースでは、78フィートケッチMirがフィニッシュライン直前、ダイヤモンドヘッドの目の前でブローチングして横転しメインマストを失った。事故後折れたマストの処理を終えたクルーは、ミズンマストにスピンを揚げたりして再走を試みたが、最終的にはミズンセール1枚で、スターンからバックする形でフィニッシュラインを通過した。トランスパック100年の歴史の中でもまれに見る椿事であった。

Ragtime

Ragtimeは1973年から2009年までトランスパックに15回出場している。1973年というのは本格的ULDB(超軽排水量艇)が数多く登場した年であった。その代表がこの小さくて(62フィート)軽い木造艇である。クルーわずかに8人、そのうちの6人がオーナースキッパーという特異なチームのボートであった。このフネが、今までの軽排水量艇のスーパースターWindward Passage(73フィート)にわずかではあったが先着したのである。同年の総合優勝は、同様に小さくて(35フィート)大変軽いChutzpahが獲得した。次の1975年も、Ragtimeがファーストホーム、Chutzpahが総合優勝であった。

Pyewacket

これはいわずと知れたRoy Disney(ウォルト・ディズニーの甥、ウォルト・ディズニー社元取締役)のもちブネである。Pyewacket Ⅱ(SC70)は1997年に当時のコースレコードを作っている。ただし、この時オーナーのRoy Disneyはレース直前の交通事故で足を骨折して下船しており、息子のRoy Patがスキッパーを務めた。続けて次の回1999年、Pyewacket Ⅲ(R/P 75)はコースレコードを更新。この年Roy Disneyは乗艇。同艇は2002年に東海岸に遠征。ニューポート・バミューダレースとシカゴ・マキナックレースに参加。両レースでコースレコードを更新。さらにPyewacket Ⅳは2007年にファーストホームを獲得した。

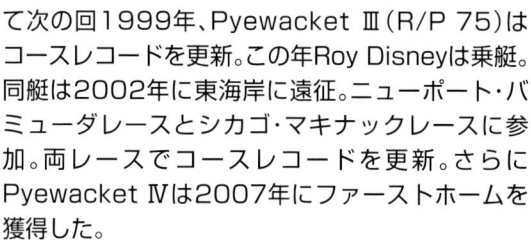

ちなみにPyewacketとはディズニー映画 "Bell, Book and Candle"に登場するペルシャ猫の名前から由来している。

---

① Stormvogel photo / Van de Stadt Design Catalog Book
② Ragtime ③ Pyewacket Ⅳ ④ Roy Disney (right) & Dr.Murase ②〜④ photo / Yoichi Yabe

1-4 Historical Classes
歴史に残るクラスボート

Cal40（California 40）

個別の艇ではないが、トランスパックの申し子のような量産艇が1965年に彗星のごとく、しかし大量に登場した。キャル40（Cal40）クラスだ。量産の開始は1964年。デザイナーはBill Lapworthで造船所はJensen Marineである。この艇のトランスパックでの成績は凄まじい。

1965年、クラスC合計15艇中Cal40は7艇出場、クラスで1、2、3、5、6、7、12位。総合で1、2、6、14、17、22、36位。

1967年、クラスC合計16艇中Cal40は13艇出場、クラスで1、3、5、6、8、9、以下16位まで。総合で1、5、9、10位（以下略）。

1969年、クラスC合計20艇中Cal40（1艇のCal37を含む）は14艇出場、クラスで1位から10位までを独占。総合で1、2、3、4位までを独占。

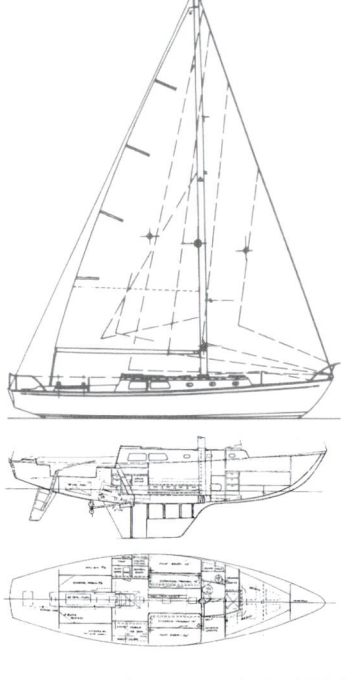

Cal40 セールプラン、インテリアレイアウト

1971年、クラスC合計21艇中Cal40（1艇のCal37、3艇のCal39を含む）は20艇出場したので、このクラスは事実上のCal40のレースクラスとなった。総合では10位から始まって62位までを獲得。

1973年は少し落ち着いたが、クラスCが事実上Cal40（Cal39）のレースクラスであることは続いた。Cal39が総合6、13、14位、Cal40のトップは総合15位であった。

筆者も当時の雰囲気はよく記憶している。日本のトランスパック通の間でも「トランスパックで優勝したければ、それは簡単だ。Cal40を買えばよい。」とまで言われたものである。

本艇の特徴はまず軽いこと。造船所のコメントには「ultra-light, production ocean

racers」とある。当時としては超軽量であっただろう。数字をダイレクトに比べると、現在のいわゆるハイパフォーマンスプロダクションボートと同等の軽さである。当時の先端技術であるフィンキールとスペードラダーの組み合わせだが、キールは現在のものと比べるとさすがに大きい。ただ、その位置はかなり後方にあって、小さなラダーのデメリットをうまく補っているようにみえる。つまりウェザーヘルムは小さそうだ。当時の他のフネと比べたら、強風の追手では走りやすかったのではなかろうか（左頁図参照）。

2003年と2005年のレースでは、往年の勢いを懐かしんで、特別にCal40だけのクラスが設定された。それぞれ10艇、13艇が参加している。デビュー以来40年を経た今でも（エイジアローワンスがカウントされているとは思うが、それにしても）この名艇の実力は高くて、Cal40クラスのトップは総合3位（2003年）と総合5位（2005年）を獲得している。

トランスパックの名物ナビゲーター、スタン・ハニーが乗るCal40〈イリュージョン〉

TP52

トランスパック52（TP52）というクラスは、トランスパックレースのために作られたボックスルール型のオフショアクラスである。同41というクラスも企画されたがこちらは実現しなかった。実艇は2001年のトランスパックレースから登場し、その年はクラス2位と4位を獲得した。2003年では2艇が参加して、クラス1位2位、総合でも1位2位となった。2005年は3艇が参加、クラス1位2位3位、総合でも1位2位3位と他を圧倒した。2007年4艇参加、クラス1、3、8、9位、総合24、28、44、47位。2009年4艇参加、クラス1、2、3、6位、総合1、2、10、13位。2011年は1艇の参加で、クラス1位、総合5位。このように参加艇数こそ少ないものの、成績は抜群である。

TP52はもともとトランスパックのために作られたクラスであった。ところがかなり早い段階から、世界的レベルのレースチーム多数がこのクラスに興味を示した。そんなこともあり、現在では当初のコンセプトとはかなり違った形でクラス活動が組織されている。つまりTP52レースはブイ回りの世界トップレベルのインショアレースとして、世界各地（特にヨーロッパ）で盛んに開催されているのだ。よって最近建造のTP52はインショアレースに特化されたボートが多いので、トランスパックレースに参加するボートは意外と少ない。

2007年のレースでクラス3位となったTP52のMorning Lightは、前出のRoy Disneyがスポンサーとして企画した、オーシャンレース普及のためのキャンペーンボートであった。クルー全員がヨットは初めての若者である。Royは、彼らがトレーニングを積んでトランスパックレースに参加しフィニッシュするまでを、1本の映画にまとめた。この映画は日本でも公開されて話題を呼んだ。

2009年、クラス、総合の両方で優勝を果たしたTP52
〈Samba Pa Ti〉 photo / Yoichi Yabe

ディズニー映画「モーニングライト」で使われたTP52〈Morning Light〉
photo / Yoichi Yabe

Barn Door Trophy

フネとは違うが、有名なトロフィーをひとつ紹介しておこう。Barn Doorだ。トロフィーそのものは、ハワイ原産のコアの木で作られた縦3フィート横4.5フィートの方形の厚板である。これにヨットとダイヤモンドヘッドの絵が描かれ、上端に"FIRST TO FINISH"の文字が彫刻されている。1949年のレースから登場した。本来はモノハル艇のファーストホーマーに与えられてきたものだが、現在ではそれに「人力のみで航行する」という条件が追加されている。よって、2009年のファーストホーマーAlfa Romeo（動力駆動のキャンティングキール使用艇）は受賞できなかった。ちなみにBarn Doorとは馬小屋の戸ほどの意味であろうか。

1-5 Other Transpac Hawaii Races
トランスパック以外の太平洋レース

北アメリカ大陸西岸からハワイまでの太平洋レースは、トランスパックを含めて全部で3本存在する。他の2本はビクトリア・マウイレースとパシフィックカップレースである。

ビクトリア・マウイ（VIC-MAUI）レース

第1回は1965年に行われた。コースはカナダ・バンクーバーの外港ビクトリアからハワイ・マウイ島のラハイナまで2,308マイル。公式レースは1968年からで、以後西暦偶数年に催されている。スタート側はRoyal Vancouver Yacht Club、フィニッシュ側はLahaina Yacht Clubが主管する。
Royal Vancouver Yacht Club（1903年設立）はカナダ西岸の"Sailing Capital"と呼ばれるほどの格調高い大ヨットクラブである。一方のLahaina Yacht ClubはディンギーのSunfishのフリートから始まった庶民的なクラブで、1965年の設立だ。このクラブはヨットよりもむしろLahaina Jackpot Fishing Tournamentで有名で、その開催クラブとして広く知られている。この釣り大会は年に一度、150隻規模で開催される。
現在までのコースレコードは2000年にGrand Illusionが出した9日2時間8分。最多参加艇数は37艇で、最少時は9艇。
スタートはバンクーバー島南端の古都ビクトリアの港外なので、そこから太平洋に抜けるまでは、長さ60マイルほどのファンデフカ海峡（Juan de Fuca Strait）を走破する必要がある。ここは潮流が強く、また超微風か超強風かという極端な海象が特徴なので、参加各艇は外海に出るまでにかなりの消耗を強いられるといわれている。残念ながら日本艇はまだ参加したことがない。

パシフィックカップのハワイ側ホストクラブ、カネオヘヨットクラブ

パシフィックカップ（PACIFIC CUP）レース

1980年の6月15日、40艇の参加で第1回がスタートした。現在のコースはサンフランシスコからハワイ・オアフ島のカネオヘまで2,070マイル。西暦偶数年に開催。主催はPacific Cup Yacht Club。当レースの特徴は比較的小さなフネが多いことで、それ故にであろうか参加艇数が多い。2010年の参加総数は48艇。日本艇はベンガルIIが2002年に初めて参加したが、それ以後は1艇もいない。その参加の年2002年は、小はMoonshineの26フィートから、大はMari Cha IIIの147フィートまで総勢77艇が参加した。参加艇の大まかな内訳は、「FUN RACE TO HAWAII」というキャッチフレーズどおり、オーシャンセーリングそのものを楽しむチームが半分を占め、その合言葉に遠慮しつつも勝ち負けを強く意識して走るレーシングチームが残りの半分を占める。

スタートのサンフランシスコはカリフォルニア寒流がもろに当たるところなので、とても寒い。特に霧が出ると体が濡れるのでさらに寒くなる。レースコース全体の性格はトランスパックに酷似している。フィニッシュのカネオヘヨットクラブは穏やかな湾内奥深くにある。フラットな水面と豊富な緑に恵まれたカネオヘ湾は、美しさとのどかさが両立し、セーリングに適した環境として特筆に価する。

コースレコードは2004年にMari Cha IVが出した5日5時間38分。

1-6 Message from TPYC Commodores
トランスパックの名物男

写真・文／矢部洋一

1　ビル・リー／Bill Lee

1970年代にULDB（Ultra Light Displacement Boat＝超軽排水量艇）を追求して、米国西海岸を中心に数多くのレースで勝利と新記録をもたらし、一世を風靡したヨットデザイナー、ビル・リーはトランスパックの顔のひとり。

彼が設計・建造した船の中でもっとも有名なのは、1977年のトランスパックにおいてそれまでのコースレコードを22時間以上縮め、ディビジョンⅡで優勝を果たした68フィートULDBの＜Merlin＞だ。

また、彼が70年代から90年代にかけて造ったサンタクルーズ・シリーズ（SC27、33、50、52、70）は今でも人気を保っている。2011年のトランスパックでも、同シリーズの船は12艇が参加。中でも6艇が集まったSC50は、独立したディビジョンとなって戦いを盛り上げた。

トランスパックヨットクラブのコモドアも務めたビル・リー氏から、メッセージをいただいた。

「我々のすばらしきレースにぜひ皆さん参加してください。トランスパック・ホノルルレースには日本をはじめ、海外からの挑戦にも長い歴史があります。海外艇のために、我々は2つのトロフィーを用意しています。ひとつは修正総合1位に対して、もうひとつは着順1位に対してです。ダウンウインドでハワイに向けて何日も走り続けるレースコースは最高に楽しい。このレースは、ナビゲーターのレースと言えます。気象をより深く理解し、正しく読むことが勝利への鍵となります。あなたの船のナビゲーターをすぐに気象の学校に通わせることをお勧めします。フィニッシュ後の歓迎とパーティーも格別です。あなたの参加を待っていますよ」

2　ジェリー・モンゴメリー／Jerry Montgomery

日本からの参加艇に対して親身なサポートをしてくれ、ベンガルチームもずいぶんお世話になっているトランスパックヨットクラブの元コモドア、ジェリー・モンゴメリー氏からもメッセージをいただいた。
ロサンゼルス市の弁護士を務めていた彼は、30歳のときにヨットを始め、以後ヨットレース、特にオーバーナイトの外洋レースに魅せられてきたという。最初のトランスパックは1981年、その後計9回のレースに自艇や友人の船で参加している。

「トランスパックは海外からの参加を心から歓迎しています。日本の皆さんは、昔からずっとこのレースでいい戦いぶりを見せてくれている。2011年には、日本が直面した非常な困難にもかかわらず、ベンガルがレースに残ってくれた。我々にはとても嬉しいことでした。これは本当に良いヨットレースです。多くの場合、フィニッシュ前の数日間に風が強まって最高のダウンウインドセーリングを楽しめます。オアフ島がどんどん迫ってきて、感激はひとしおになる。そしてフィニッシュし、ハーバーへと入れば、そこには温かい大歓迎が待っていてくれる。誰もがこのレースの虜になってしまうでしょう。
次からの大会には、日本からまた多くのチームが戻ってきてくれることを願っています」

1-7 Volunteer Spirits
トランスパックを支えるハワイのボランティア

文／寺尾真裕子

トランスパックの伝統と人気を支えるのは、レース参加者たちをロサンゼルスから送り出し、ハワイであたたかく迎えてくれるボランティアの人々だ。2011年のレースで、このボランティアに参加したベンガルチームの女性メンバーがその貴重な経験を綴った。

日本からの往復回航に乗ることになっていた私は、ロングビーチでレースクルーを見送ってからハワイでのレースフィニッシュまでの間、レース委員会でボランティアをすることになった。軽く手伝う程度だろうという想像とはまったく違い、トランスパックはボランティアの力によって成り立っているといっても過言ではないくらいその存在は大きかった。ホノルル側だけでも約600人がボランティアとしてレースに関わっている。

私はレース本部で働かせてもらうことになった。アラワイハーバーの真ん中にある本部の小さなインフォメーション小屋にてシフトを組んで24時間体制で待機。レース艇からのフィニッシュ前100、25、5マイルのロールコールを受け、レース委員会の関係各所、連絡を希望している家族や関係者、そしてホストに到着予定時間を伝えるのが仕事。また、レース本部に訪れる人たちへの情報提供も行っている。クルーの家族がまだかまだかと電話をかけてきたり、本部小屋を訪ねてきたりするのを見ていると、彼らのチームが到着したとき、思わず一緒に喜んでしまう。

本部の他には、ホスト役の取りまとめ、広報、フィニッシュライン、桟橋のオペレーションチームなど約20のセクションがある。ちなみにシフト体制ではあるが、重要なポジションにいる人たちや、少数で回している人たちは、寝不足の日々が続く。家に帰らず、自分のボートで寝る人、車中仮眠しか取れない人も。そんな人たちを私たちは容赦なく電話でたたき起こす。

ボランティアは主に、トランスパックのホストクラブとなっているワイキキ、ハワイ、カネオへの各ヨットクラブの会員有志と彼らに誘われた人たち。ほとんどのメンバーがレーサーではなく、日頃クルージングを楽しんでいる人たちである。トランスパックが始まると、レース委員会だけでなく、各ヨットクラブでも有志たちが集まり、おもてなしの準備を始める。作業が終わればヨットクラブのバーで夕食。平日でも各ヨットクラブのバーはにぎやかだ。

トランスパックムードは日増しに盛り上がっていく。

ボランティアの主要メンバーの中には1週間〜10日間、仕事の休みを取って参加する人もいる。気合の入り方が違う。だから毎回いいレースが作り上げられているのだろう。多くの人が長年ボランティアを続けていて、その理由は「たくさんの海の仲間と出会えるから」。現に私も、レース本部で働いたことで、ボランティア仲間はもちろん、毎日情報を取りに立ち寄る各チームの関係者やレースクルーと顔見知りになった。特に"日本から来た"、"参加6回目の"ベンガルチームのメンバーともなるといろいろな人に声をかけられる。ありがたい。

レースに参加する各チームにはおもてなしをするホストがつく。主な役割はフィニッシュ直後のパーティーの開催。ホストは様々で、ヨットクラブの有志グループや個人、企業などが務めている。彼らはレース艇がどんな時間にフィニッシュしようと、ロールコールの連絡を受けてハーバーに飛んできて大歓迎してくれる。もちろんボランティアだ。ここでもまた地元と参加チームの交流が生まれる。

一方、ボランティアはすべてのウェルカムパーティーに参加することができる。青く広い空に、太陽の光輝く海、椰子の木、生バンドの演奏。そんな中、アナウンスとともにレース艇がハーバーに入ってくる。各チームの関係者はもちろんのこと、ホスト、各クラブの会員、そしてボランティア、とそこにいる人たち全員がレースクルーに対し、惜しみない賞賛を送る。真夜中であろうと早朝であろうと待っていてくれるのだ。このシーンは何度遭遇しても感動する。自分のチームでなくても。だから、できるかぎり駆けつけてはウルウルした。1週間〜10日間の長いレースのあとの最高の出迎え。トランスパックの魅力はレースそのものだけではない。

このように心のこもった大勢のボランティアによって成り立っているトランスパック。参加する際には、レースそのものだけでなく、レースに関わる「おもてなし部隊」とも積極的に関わると2倍3倍楽しめること間違いなしだ。

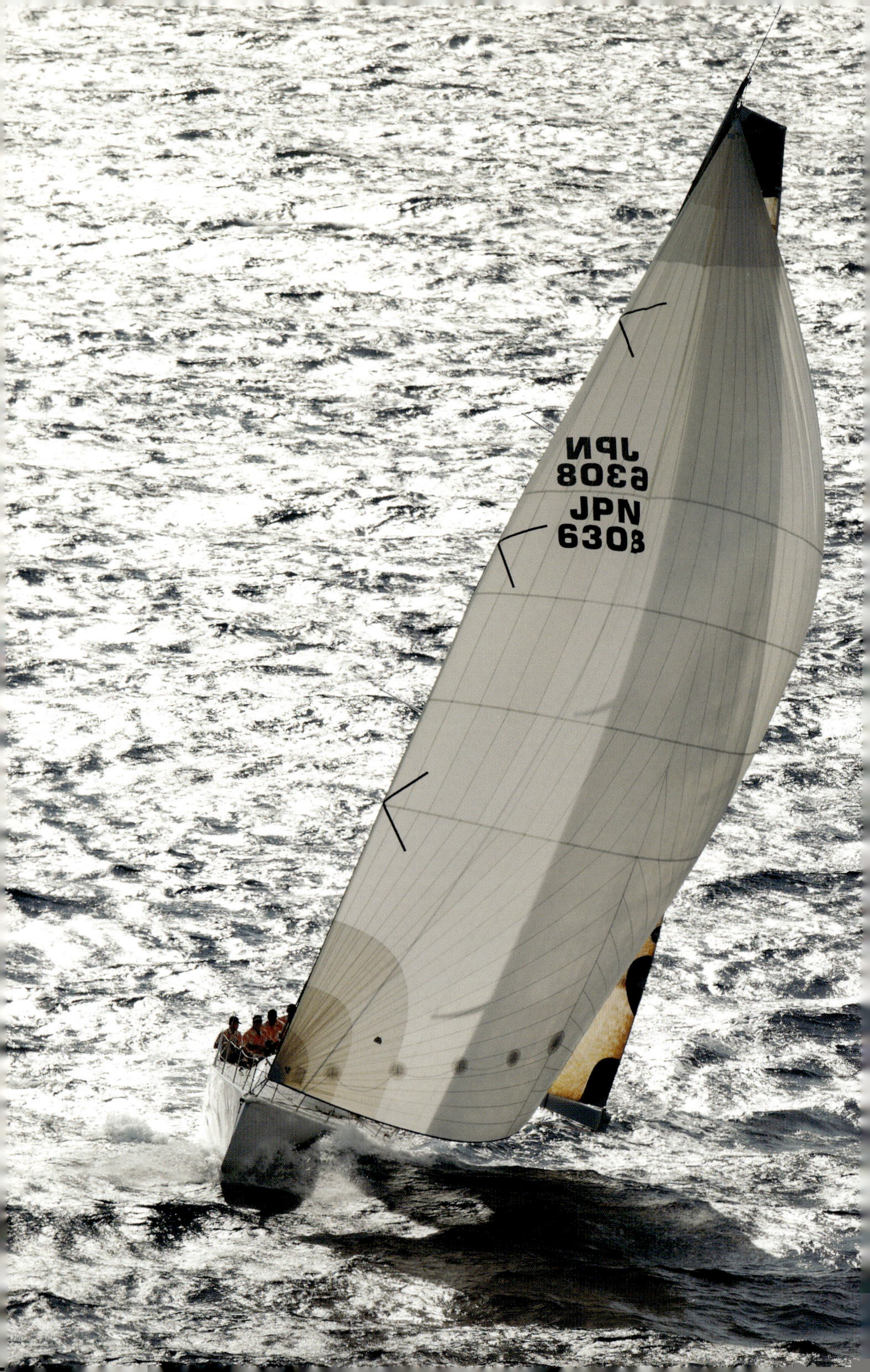
JPN
6308

2 レースの実際―気象と戦略の基礎知識
Weather & Strategy Basics

文／大橋且典

トランスパック・ホノルルレースは奇数年の7月4日にスタートし、7月22日頃に行われる表彰式で終わるというのが伝統的な日程だ。ロサンゼルスからハワイまで、総距離およそ2,200マイルのレースコースには、通常どのような気象が予想され、レース艇はどのようにレースを組み立てるのか。その概略から見ていこう。

2-1 The Pacific High
主役は、太平洋高気圧

トランスパックレースでは太平洋高気圧が主役である。

北太平洋の東部つまり北アメリカ大陸の西側には、通常図1のように大きな高気圧が居座っている。この太平洋高気圧は例年春から初夏にかけて位置、勢力ともに激しく変動するが、7月の初旬から中旬、トランスパックレースが開催される頃にはなんとなく落ち着いてきて安定する。太平洋高気圧は中心近くなるに従って風は弱くなる。ところが、レースはラムラインでも大圏コースでも、その中心近くつまり微風域を通る形になることが多い。

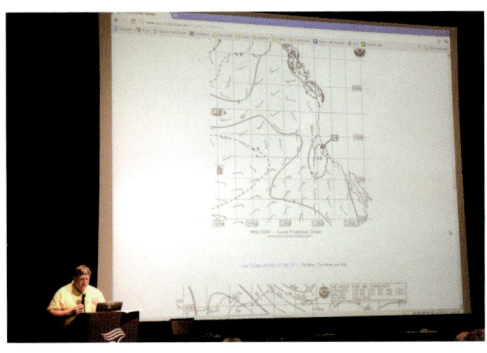

スタート前々日の気象ブリーフィング（2011年7月2日）

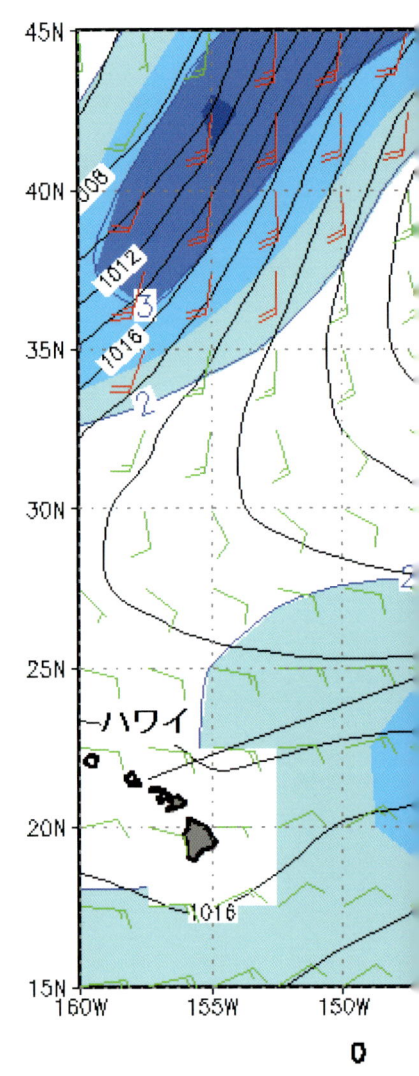

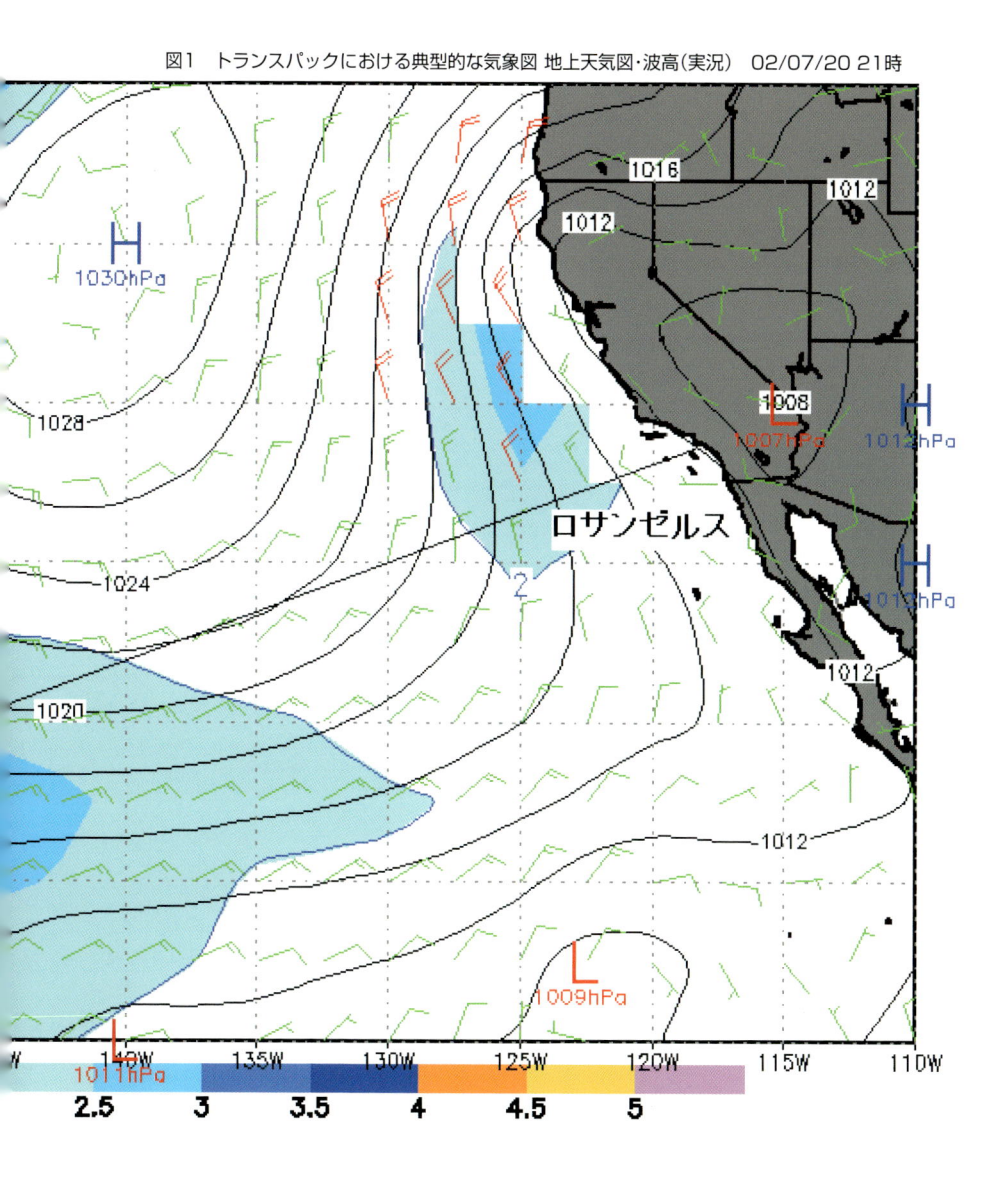

図1 トランスパックにおける典型的な気象図 地上天気図・波高(実況) 02/07/20 21時

043

2-2 Weather & Strategy 気象と戦略の常識

レース前段（スタートから高気圧の尾根まで）

したがって、高気圧の微風域をどのように避けて前進するかが、トランスパックレースのメインテーマのひとつとなる。以下、実際のコースで説明を試みる。
太平洋高気圧は北アメリカ大陸西岸上空の低気圧に押さえ込まれるようにして凹んでいる（前頁図1）。この凹みで等圧線は密になり、大陸西岸沖の海上には北寄りの強風が300マイルから500マイルの幅で常駐する。同時に高気圧中心から南東に向かって気圧の尾根が現出する。スタートからこの気圧の尾根までがレースの前段となる。この尾根（つまり微風域）を南北どこで越えるかで、レース前半の順位がほぼ確定する。北寄りで越えれば、風弱くしかし距離は短くなる。南寄りを選べばその逆である。気圧の尾根の手前までは北の強風（20ノット前後あるいはそれ以上）なので、スピンをあげれば南下は容易だ。太平洋レースのベテランはどんな状況でもある程度は南下するようだ。過去、太平洋高気圧に突っ込んでベタなぎにあった例は多く、その恐怖が身に染み付いているのであろう。特に追風用のスペシャルボートは軽量で復原力が小さくしかもセールが大きいので、この強風では支えきれず必然的に南下する。一般に高気圧の中心が北寄りにある年は、微風域がレースコースよりも北に外れるので、比較的風に恵まれたコンディション（前頁図1はその例に近い）。高気圧が南寄りにある年は、その逆で弱風のコンディションとされている。

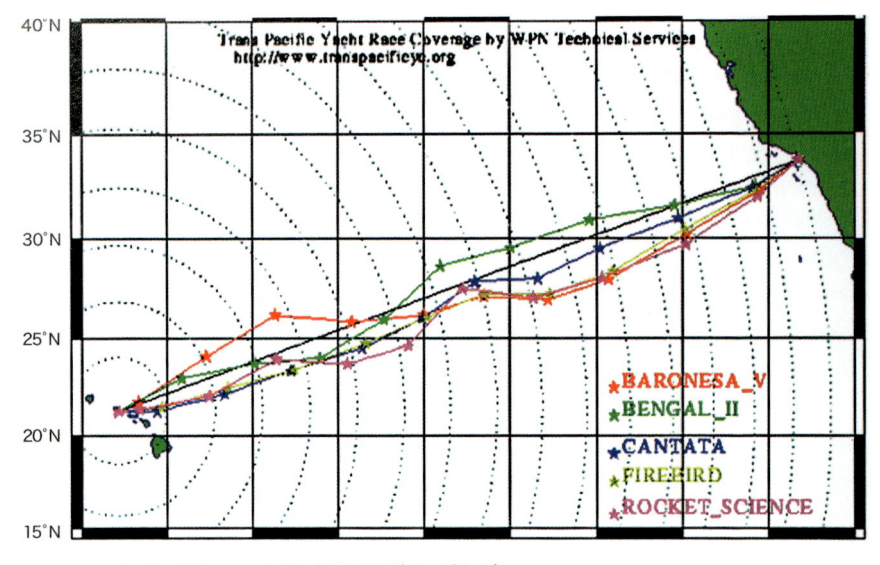

図2　2001年ディビジョン3各艇の航跡。緑が〈ベンガルⅡ〉

2001年のベンガルⅡ

ただしどんな法則にも例外はある。ベンガルⅡが参加した2001年は異常であった。この年の太平洋高気圧はレースが進むにつれて北へ移動した。日本の気象海洋コンサルタント社のレース前のデータによれば、レースの進行に合わせるように、北寄りの強風がレースの中盤まで艇団についてくると予想された。風は例年とは逆に北へ行くほど強くなる。つまり大圏コースが距離最短で、しかも風も強いという結論になった。我々はそれをそのまま信じて北寄りのコースを突っ走り、大成功を収めた。

レース中段（高気圧の尾根から最初のジャイブまで）

話を標準的なトランスパックの気象に戻そう。気圧の尾根手前までは強風の北風なので南下しやすく、さらに南には必ず風があると信じられているので、心理的にも南は安心だ。トランスパックでもパシフィックカップでもほとんどの艇が南のコースを選ぶ。2001年に北コースを取ったベンガルⅡについてきた艇はただの1艇もなかった。

そしてさらにもうひとつ「南」有利な条件が存在する。図1（42-43頁）を見てもわかるとおり、高気圧の尾根を過ぎると風は急速に後ろに回り、最終的には真東の風となる。行きたい方向は西南西なのでスターボタックでは落としきれなくなる。

もし自艇が最北の位置にあり、しかも風力が落ちてきたとすればどうなるのか。南の風を求めてコースを落とせばスピードが止まり、スピードをつけるために右へ（北へ）上れば微風地獄へ突入する。かといってジャイブすればあさっての方向（真南）へまっしぐら、という絶体絶命の位置に追い込まれる。逆に最南に位置していれば、たとえ風力が落ちてきても、悠々とベストスピードで上って艇団の最前列に躍り出ることができるはずだ。

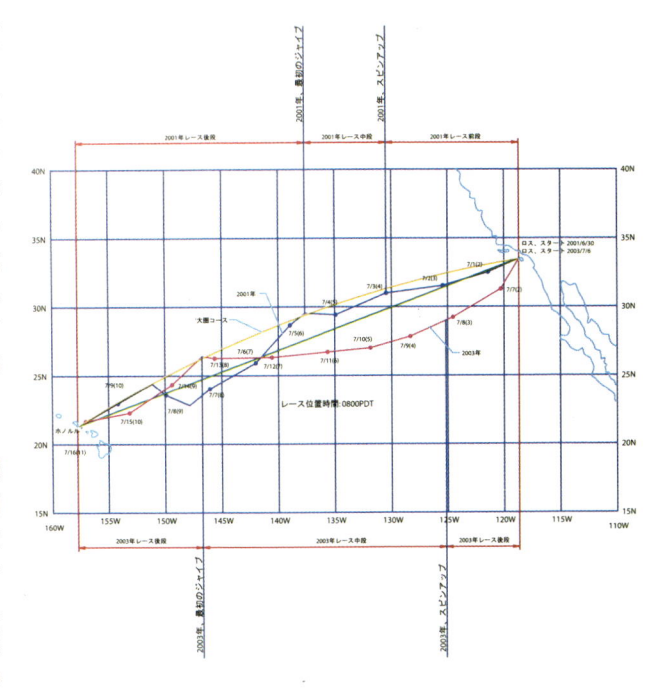

図3　2001年（青）と2003年（ピンク）の〈ベンガルⅡ〉航跡図

レース後段(最初のジャイブからフィニッシュまで)

レースの中間点を越える付近(西経でいえば140度ぐらい)、つまり最初のジャイブが入るころだが、そこからあとはもうボート同士のスピード競争である。高気圧の中心から遠くなるので、左右コースのよしあしはほとんどなくなる。中段のように南(=左)に風があるという決まりはもうなさそうだ。逆に最終段階ではむしろ北(=右)が有利になるケースのほうが多い。というのは、ハワイに近くなると、今まで東西に寝ていた等圧線が北に向かって曲がり出す可能性が高くなる。つまり風は南寄りに回って右側艇有利となる。こうなった場合は、むしろ右に行き過ぎてオーバーセールになるケースさえ出てくる。この右側のレイライン上からハワイにアプローチするという道筋は、北に膨らむ大圏コースでもあるので、勝利への最短コースになり得ると筆者は信じているが、いかがであろう。

スタート

最後にレースのディテール部分となるスタートとフィニッシュについて述べる。スタートはロサンゼルスのサンピドロ沖。ここからサンタ・カタリナ島(以下カタリナ島)を左に見て、ハワイに向かう。スタートライン上の風向は、最近の例ではおおむね西南西。南へ行きたいという場合はカタリナ島の西端を目指すことになるので、スターボタックの片上りになる形が多い。スタートラインとカタリナ島の間には南流

スタート後、ロサンゼルスの南西約22マイル沖にあるカタリナ島を左に見て通過するレース艇

ダイヤモンドヘッド灯台とR2ブイ延長線上のフィニッシュラインを目前にしたレース艇

があるので、途中でタックをせずに、カタリナ島まで一気に横断したほうがよいということになっている。ここ数年の例では、スタートライン上は中風で全艇快調に出て行くが、カタリナ島手前で微風となり、艇団は渋滞して凝縮し、いわゆる再スタートとなるケースが多い。

フィニッシュ

フィニッシュラインは、ハワイオアフ島のダイヤモンドヘッド灯台と、その眼前にあるR2紅浮標とを結んだ線の延長上と決められている。2011年の場合、R2紅浮標を右に見てその100ヤード以内にフィニッシュせよと帆走指示書にある。フィニッシュ前に通過するであろう、オアフ島とモロカイ島の間の海峡(通称モロカイ海峡)は、通常は貿易風の吹き抜けが強く、波も大きい。よって高速艇がその最高スピード記録を出すのに、レース期間中最も適した環境となるはずだ。ベンガル7もここでいくたびかその最高速度を更新している(2011年の記録は24ノットオーバー)。この海峡は、右側はココヘッド手前に北流があるのでそれを避けて、強風傾向の強い左側つまりモロカイ島側から入り、そこからダイヤモンドヘッドを目指すのが適当とされている。

ちなみに、フィニッシュラインの一部として利用されるR2紅浮標は、ダイヤモンドヘッド前に広がる岩礁域の先端付近に設置されている。つまり、これは言わば岩礁警告ブイである。ここから先は、決して入ってはならないという危険区域だ。実際、トランスパック始まって以来と思われるような大事故がここで起きている。1989年のMedicine Manだ。夜間、フィニッシュ直前でリーフに突っ込んだ。クルーは全員救助されたが、多くが負傷した。ボートはキールとラダーを失い、浅瀬に横転した。

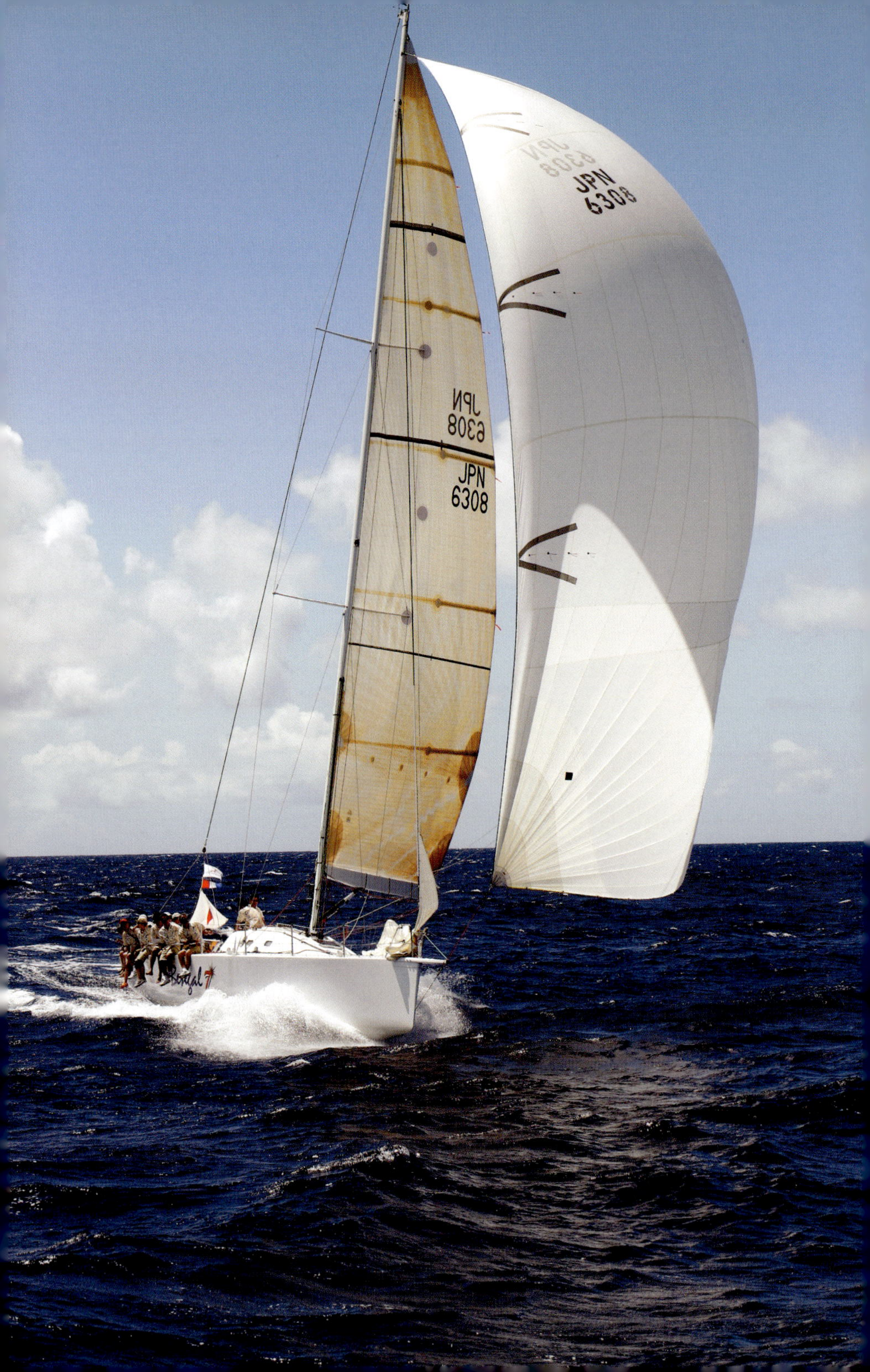
JPN
6308

3 レースに向けて — 準備の実際・ベンガル7の場合
Preparations

文／大橋且典

トランスパックへの参戦を具体的に考えるにあたっては、どのような準備を整えればよいのか。このレースにはどんなタイプの船が適しているのか、レーティングは、ナビゲーションは、通信は、セールは、などベンガルチームの例を具体的にご紹介しながら準備の実際について説明する。

3-1 Study of Boats
トランスパックに適したボートとは

2009年のログ

トランスパックにはどのような性格の艇が適しているかと問われれば、これには実際のデータを示すのが一番早い。右表(ログ)は、2009年のベンガル7のログデータ(一部)だ。この年は、気象に関しては典型的なものではなかったが、艇のパフォーマンスを論ずるという意味では、最近の例ではトランスパックの典型的条件に最も近い年であった。2009年の場合、ベンガル7はフィニッシュまで約10日を要している。

前項2-2「気象と戦略の常識」ではナビゲーション側からコースを考えたが、本項ではそれとは違う視点、つまりボートのパフォーマンスという方向からトランスパックレースを眺めることにする。

期間1：レース日0つまりスタート日

風はスタート時点でこそ片上りであったが、数時間のうちに右に回ってリーチングになった。以後は一回だけ、レース日2の未明にTWA(真風向角度)40度となって、クローズホールドらしき形になったものの、その後はフィニッシュまで、上りという状態は一度も現れていない。TWS(真風速)は12から16ノットぐらいまで。この期間全体をひと言でまとめれば、中風のクローズドリーチということになる。

期間2：レース日1からレース日3の早朝まで

TWD(風向方位角)は280度ぐらいから始まり、途中少しゆれ戻しはあったものの、300度付近まで徐々に右に回ってゆく。TWAは65度から95度前後まで。TWSは8ノット付近から、途中6ノット台をはさんで、10ノット付近まで。一口で言えば弱風のブロードリーチ。セールで言えば、前半はジブトップ、後半はコード0をはさんでA3リーチングスピンまでというところであろう。

期間3：レース日3

終日TWS12ノット前後、TWAは120度付近。時により150度前後。A2の追手用スピンでは苦しくて、概ねA15(A1とA2の中間のセール)のリーチングスピンという選択であろうか。

期間4：レース日4からレース日5まで

TWSは13ノット前後から18ノット付近まで。TWAは130度前後から145度付近まで。A15のリーチングスピンとA2の追い風用スピンを使い分けながら進むことになりそうだ。

期間5：レース日6以後フィニッシュまで

風は完全に後ろからとなり、レース日8の早朝にはジャイブが入る。TWSは18ノット以上25ノット付近まで。このあたりは結構な強風なのでA2ではちょっと心細い。

表　レースのログ　Bengal7　TP2009

期間	レース日	コース針路（度）	日付 米西岸夏時間（PDT）	時刻 米西岸夏時間（PDT）	風向方位角 TWDirection（度）	真風向角度 TWAngle（度）	真風速 TWSpeed（ノット）	平均艇速 Bspeed（ノット）
1	0	スタート	2009/7/2	1300	270	スタート	15	スタート
1	0	215	2009/7/2	1535	265	50	12	8.34
1	0	215	2009/7/2	1800	280	65	16	8.75
2	1	216	2009/7/3	600	280	64	9	8
2	1	227	2009/7/3	1840	305	78	6.3	7.8
2	2	210	2009/7/4	200	250	40	8.2	8.2
2	2	175	2009/7/4	600	270	95	7	7.2
2	2	225	2009/7/4	1100	300	75	8.1	8.3
2	2	220	2009/7/4	1800	320	100	11.5	9.5
2	2	225	2009/7/4	2200	320	95	10.1	9
3	3	210	2009/7/5	600	300	90	7.2	7
3	3	230	2009/7/5	1000	350	120	9.2	9
3	3	235	2009/7/5	1800	355	120	12.5	10.5
3	3	205	2009/7/5	2200	360	155	12	9.2
4	4	255	2009/7/6	600	30	135	10.5	11
4	4	240	2009/7/6	1000	20	140	13	10.5
4	4	260	2009/7/6	1800	25	125	14	10
4	5	230	2009/7/7	600	13	143	16	13
4	5	230	2009/7/7	1000	15	145	18	15
4	5	240	2009/7/7	2030	25	145	13	10.5
5	6	245	2009/7/8	600	30	145	18	12.5
5	6	270	2009/7/8	1400	55	145	20	12.5
5	6	245	2009/7/8	2200	35	150	20	13
5	7	260	2009/7/9	600	45	145	18	11.5
5	7	270	2009/7/9	1720	50	140	17	11.5
5	7	265	2009/7/9	2200	57	152	20	11
5	8	225	2009/7/10	600	60	-165	17	11
5	8	270	2009/7/10	1930	60	150	15	12
5	8	230	2009/7/10	2200	80	-150	22	15
5	9	225	2009/7/11	600	68	-157	23	13
5	9	230	2009/7/11	1200	75	-155	23	14
5	9	220	2009/7/11	1830	73	-147	19	12
5	9	223	2009/7/11	2200	63	-160	20	10
5	10	250	2009/7/12	600	95	-155	16	10
5	10	280	2009/7/12	1100	80	160	20	12
5	10	290	2009/7/12	1400	56	126	25	16
5	10	220	2009/7/12	1530	64	-156	21	12
5	10	260	2009/7/12	1947	70	170	13	フィニッシュ

Necessary Performance
トランスパックで必要な性能

以上(前頁)をトランスパックで必要な性能・性格という視点でまとめると：

期間1：

典型的トランスパックではクローズホールドはほとんどない。あっても片上りの数時間なので、少なくともシャープな上り角度は要求されない。

ここで要求される性能：一般的にヨットレースでは、特にブイ回りのレースではクローズホールドの性能が大いに要求されるものだが、典型的トランスパックではそれはほとんど無視してよいことになる。

期間2：

リーチング・コンディションの比重はかなり高い。弱風から強風までひととおりは覚悟しなければならない。2009年のこの期間、風は比較的弱かったようだが、典型的トランスパックレースではもう少し強くて、20ノット前後の強風のリーチングとなるケースが多い。期間は約3日間。

ここで要求される性能：そんな強風の中を長時間リーチングで走り続けるというの

ビル・リー設計のクルーザーレーサー、Santa Cruz シリーズは今も人気艇のひとつ、これはSC52

は、生身の人間にとってかなりきついことである。特に、ここはカリフォルニア寒流の真只中なので大変寒い。このハードなコンディションでは、自艇が十分にスタビリティがあって他艇を凌駕するような性能を出してくれると、精神衛生上非常に楽になる。ベンガルⅡがその典型で、強風のリーチングは彼女のお得意のコンディションであった。おかげでベンガルⅡ時代の我々は、この期間で精神的ストレスを感じることは少なかった。ただし、それ相応に（あるいはそれ以上に）レーティングは高くなるので注意が必要だ。これについては後ほど述べる。

期間3～4～5：

それ以後はひたすらスピンの世界だ。全航程10日のうちの7日前後がスピンなのだから、スピン走行性能の重要性は大変に大きい。2009年では、この期間の風速は比較的狭いレンジに収まっていたようだが、典型的トランスパックでは微風と強風の差がもっと激しいと思ったほうが無難であろう。

ここで要求される性能：微風から強風まで、要求される性能のバリエーションは豊富なので、どの風でも他を圧倒するほどのスピン走行性能が欲しい。世間では「トランスパックの豪快なスピンラン」などというフレーズがよく登場するが、実際のトランスパックでは強風だけではなくて、微風を含めたあらゆるレンジでのスピン走行性能が要求される。微風に弱い艇は、微風が来るたびに止まって取り残される。後続艇はヒタヒタと迫ってくる。ナビゲーターは艇上でただ一人言いようのないプレッシャーを受けて、神経をすり減らすことになる。

補足：

念のために補足をつける。以上のような条件はトランスパックを速く走るための条件であると同時に、トランスパックを楽しく走るための条件でもある、と筆者は考える。「自分の艇は排水量が大変大きいが、それでもトランスパックに出たい。どうせ勝ち負け関係なく走るのだから、この重いフネでも何とかなるだろう」というのはお勧めしない。前述のとおり、コースの大部分は追い風で、しかも強風が多い。たとえ艇速は出なくても、風速25ノット以上の真追手で、しかも強大な（それも複数方向からの）追い波の中で、少なくとも苦労しないでまっすぐに走れる程度の性能は欲しい。そんなボートの獲得は、このレースを楽しくしかも安全に走り切るための必須条件だと思うがいかがであろう。さもないと、過度のローリングによって、落水者やブームパンチによる犠牲者が出ないとも限らないからである。

3-2 Rating System
トランスパックのレーティング

最適艇の姿は大体特定できたが、トランスパックも修正順位を競うレースのひとつなので、レーティングを無視することはできない。以下レーティング関係として、当レースで適用されるトランスパックの風係数と、その他注目すべきポイントを2点ほど述べる。

TRANSPAC WIND MATRIX（トランスパックの風係数）

前項はトランスパックの典型的コンディションからながめた最適艇の姿だったが、これをレース主催者側から見るとどうなるか？ わかりやすい資料があるので、ここに掲載する（下表2011 TRANSPAC WIND MATRIX参照）。トランスパックレーティングは各艇の性能にこの風係数をかけて算出する。つまり、レース主催者の考える当レースの典型気象はここに明示されている。

下表の中で濃い青色の付いたコラムが大体スピンの使用範囲だとすると、これらを合計したものは全体の74%になる。クローズホールド（Beat）は概ね0.5%。残りの25%がリーチングということになって、前出の実際のコンディションから見た最適艇の姿と概ね一致する。

2011 TRANSPAC WIND MATRIX

Point of Sail (%)	6 Knots	8 Knots	10 Knots	12 Knots	14 Knots	16 Knots	20 Knots	24 Knots
Beat	3	0.5	0.5	0.5	0.5	0.5	0.5	
52	2	0.5	0.5	0.5	0.5	0.5	0.5	
60		2	2	2	2	2	2	
75		4	4	4	4	4	4	
90		8	8	8	8	8	8	
110		12	12	12	12	12	12	
135		26	20	18	14	10	10	
150	45	15	21	23	25	29	29	20
165	25	16	16	16	17	17	17	40
Optium Run	25	16	16	16	17	17	17	40
Wind Weighting	1	4	10	13	24	31	14	3

ORR ルール、
http://www.offshorerace.org/

微風性能

この表で注目したいのは、最下段のWind Weightingだ。6Knotsと8Knotsの合計が全体の5%である。この数字を大きいと見るか小さいと見るかは人それぞれであろう。筆者は前述のとおり、トランスパックの現場では意外と微風性能が重要だと考えているので、この数字は小さい、つまりレース主催者側は現実よりも微風性能を過小に評価していると感じている。もしそれが本当ならば、微風性能は大いに強化しておくべきであろう。実際に必要と思われる性能であり、しかもその代償(=レーティング)は少なくて済むというのだから、一石二鳥というものであろう。

スタビリティ

スタビリティを最も必要とする強風のクローズホールドは(トランスパックの典型的気象の場合)ほとんどないので、強力なスタビリティは不要と考えられる。スタビリティは追手で必要な分だけにとどめるという作戦がよさそうだ。そんなにスタビリティが小さくては、前述のとおり強風のリーチングで苦戦するではないかという意見が出そうだが、それはレーティングルールもそのとおり(そのコンディションでは遅いフネとして)評価してくれるので、レーティングを考慮する場合はあまり大きな問題ではなさそうだ。スタビリティを強風リーチングの必要度に合わせて増加させてしまうと、追い風でスタビリティが過剰となり、その分レーティング上不利となるので、これは避けたほうが賢明であろう。

トランスパックが採用しているORRルールはIMS系なので、スタビリティをスピードファクターとしてかなり忠実にカウントする。少なくともIRCと比べたら、スタビリティの果たす役割を格段に重視している。特に強風追い風のコンディションでは、実感以上に重視しているようにさえ思われる。

もしこの考えが正しければ、強風追い風では(自チームのハンドリング能力の範囲内で)スタビリティは小さければ小さいほどレーティング上有利になる。少なくとも過大であってはならないということになる。

典型的なトランスパックの気象では強風追い風のコンディションは長時間続き、レーティング上でもこの条件には最も高いプライオリティが与えられているのだから、追い風のスタビリティについては大いに注意を払うべきであろう。

注)
トランスパックではORRルール(これはアメリカ版の「ORCクラブ」ルールと考えてよいだろう)を使い、その算出データを前出のTRANSPAC WIND MATRIXで修正して各艇のトランスパックレーティング(タイムアローワンス、秒/マイル)を算出する。2011年ではこれに2,300マイル(=レーティング算出用のコース長さ)を掛けて、各艇の最終タイムアローワンスが決定された。

3-3 Race Navigation
レース・ナビゲーション

ベンガル7ナビゲーター／
森 治彦（気象予報士）談

以下、ベンガル7のケースを中心にして、トランスパックのナビゲーションワークについて順を追って説明する。

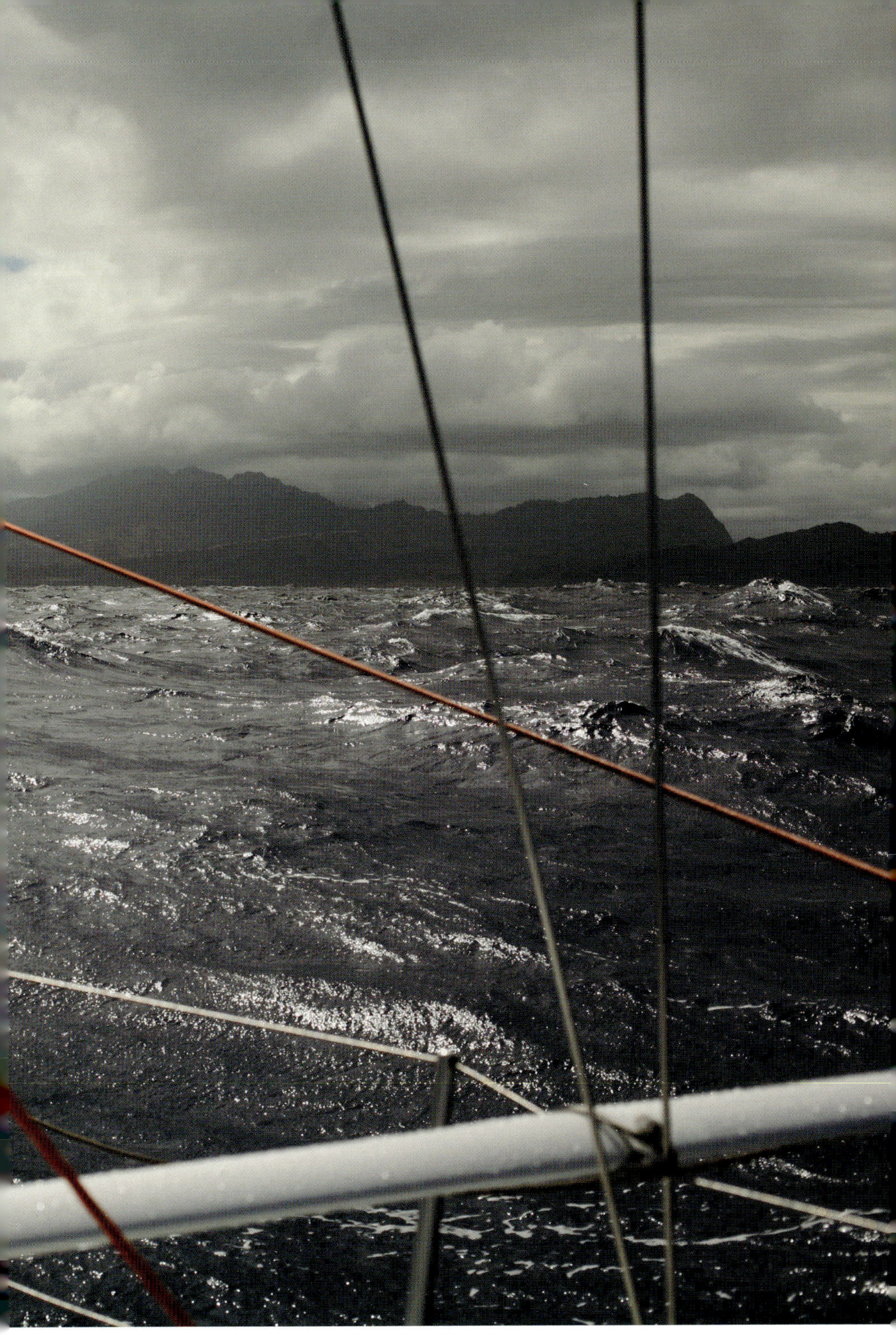

1. 海図（チャート）

ナビゲーションワークのスタートはチャートを購入するところから始まる。まずはレース海域全体を網羅した、適度に大きなものを手に入れる。日本のチャートで言えば、北太平洋東部INT50であろうか。それにスタートのロサンゼルス付近とフィニッシュのハワイ付近。あとは必要に応じて詳細なものを求めていけばよいだろう。それをじっと眺めていれば、全体のイメージがわいてくるはずだ。

2. 気象データ

日本語でこのエリアの天気図を探すのは難しいので、この種のデータは自然にアメリカからのものとなる。私（森）のお勧めは以下の2つだ。

【NOAA】
　http://weather.noaa.gov/fax/ptreyes.shtml
太平洋東部沿岸部の天気図を一堂に見ることができる。主に地上天気図（SURFACE CHARTS）と500MB（UPPER AIR CHARTS）を参照する。

【NAVY】
　http://www.nrlmry.navy.mil/~swadley/nogaps/
アメリカ海軍のページ。静止画だけでなく、日々の変化が動画になるので便利だ。

これらの天気図から、レースエリアの気圧配置、具体的には太平洋高気圧の動きを把握する。

3. 具体的なレースコースの構築

上記のような大まかなイメージをベースにして、いよいよ具体的なレースコースの構築、組み立てに着手する。ベンガルの場合は、その種の作業にはコンピュータ使用のナビゲーションソフト（それに付随したルーティングソフト）を利用する。これらのプログラムは、艇の性能予測データ（後述）、気象予報データ（後述）、その他（潮流等）をインプットすると、スタートからフィニッシュまでの最適コースを算出してくれる。ただし、ベンガル7の場合トランスパック全コースを走破するのに約10日かかり、気象予報データは7日先の分までしかないので、実際には分割してシミュレーションを行う。

ベンガルチームのナビゲーター、気象予報士の森 治彦

4. ナビゲーションソフト（ルーティングソフト）

現在のヨット界では、何種類かのナビゲーションソフト（ルーティングソフト）が入手可能だ。中でも代表的なものはDeckmanとExpeditionだが、ベンガルではここ数年来前者を利用している。このDeckmanはむしろブイ回りのレースに向いたソフトのようだが、ハードウエア（B&Gの計器）との相性もあって、我々はこれを使用している。

5. 艇の性能予測データ

ベンガル7の場合、具体的にはORRのパフォーマンスパッケージに含まれるポーラダイアグラム用のデータを使用している。一般的にはIMSのそれでよいだろうが、トランスパックの場合ORRルール使用ということなので、その流れでこれを使っている。Deckmanの場合、データ入力後のセーリング実績をもとに、性能予測データの更新を自動的に行うということだが、これは確認できていない。

6. 気象予報データ

ほとんどのナビゲーションソフト（ルーティングソフト）は気象予報データをgrib形式のファイルで要求してくる。このデータのレース中の入手先は、RRS（ISAF競技規則）「外部からの援助の制限」規定とトランスパックレース規定があるので、必然的に以下のページなどに限られる。

GRIBデータを取得できるページ
（このページは上記規定をクリアしていると思われる）
【GRIB-US】　http://www.grib.us
無料の会員登録をすれば、世界中のGRIBデータを取得することができる。

7. 各データの修正

艇の性能予測データについても気象予報データについても、常にそれが正しいとは限らないので、それなりに修正が必要である。艇の性能予測データについては、実走データで修正するのがベストだが、それはそう簡単なものではない。
気象予報データについては、GRIBデータ修正は労力が大きいので行っておらず、そのデータの信ぴょう性を天気図などから判断することで、ノイズになる細かい天気変化を均質化していく。

図　2011年スタート時にDeckmanが算出した、7日先までのベストコース

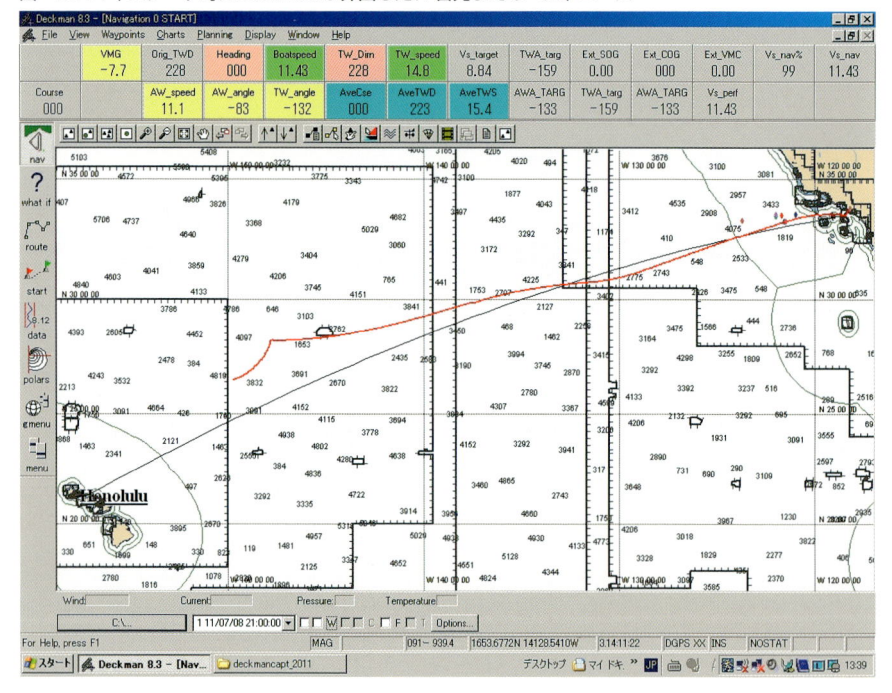

8. プライベートな気象サービス

気象予測データの修正も含めて、レースのベストコースを予測してくれる気象サービス（多くは有料）も存在する。ベンガルでは近年そのサービスも購入している。具体的にいうとCommander's Weatherという会社であるが、この会社のサービスの質は高いと私（森）は評価している。ただしこの種のサービスは、前記のRRS規定の制限があるので、レース開始（準備信号）前までしか利用できない。

9. 実際のナビゲーション作業

以下にトランスパックレースにおける、私のナビゲーション作業の実際を簡単に紹介する。

1）Deckmanに7日先までのベストコースを引かせる。
2）Commander's Weatherの推奨コースと比較する。
3）天気図の情報から、特に太平洋高気圧の動きを自分なりに予測する。これを上記の情報と比較する。
4）その結果をもとに、スタート前にレース中盤までのコースを決定する。
5）スタート
6）1日2回、前項「6.気象予報データ」を取得し、その都度Deckmanでベストコースのシミュレーションをする。GRIB情報が大きく変化している場合は、他の天気図データを取得して太平洋高気圧の位置を確認し、計画コースを修正する。

3-4 Communication
レース中の通信システム

ベンガル7ナビゲーター／
森 治彦（気象予報士）談

トランスパックレースの通信はVHF無線、HF無線、インターネットのEメールで実施される。スタートとフィニッシュ前後のコールはVHFを使い、ロールコール（フィニッシュ前100マイルコール、25マイルコールを含む）はHFまたはEメールを使うということになっている。しかし、2011年のレースでは結果的に、全艇が（HF無線ではなくて）Eメールを利用した。

前述の気象の項でもそうだが、こうなるとインターネットは（必須とは言えないまでも）かなり重要な装備となる。もちろんインターネットに接続するための衛星通信システムも必要だ。

ベンガル7の無線ステーションでロールコールを行うボースン、安藤康治

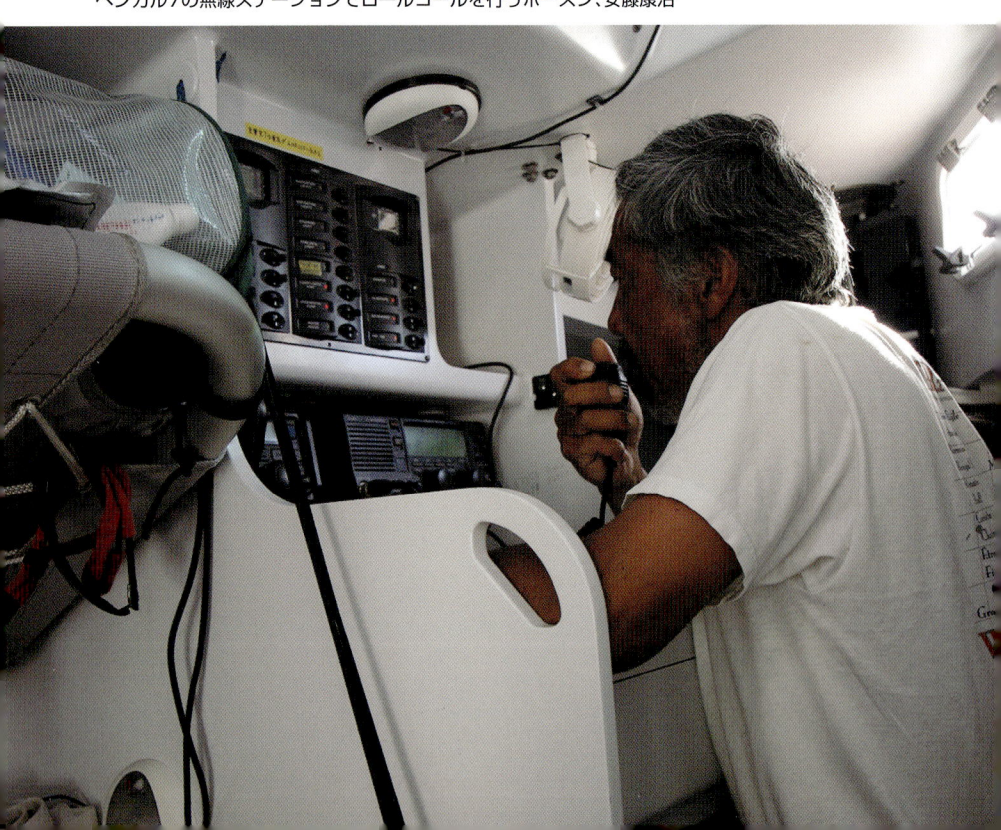

コクピット後部中央に見える白い小さな円形ドームがインマルサットのアンテナ

ベンガルでは衛星通信は歴代、インマルサットを利用してきた。現在の機種はフリートブロードバンド250（FBB250）である。接続は日本デジコム。帯域保証での契約はしていないが通信速度は年々快調になっている。

レース中ナビゲーターが最も注意すべきは使用時間システムの相違であろう。以下のとおり、各場面で使用する時間システムが違うので注意が必要だ。私（森）の場合、時によっては腕時計を2個、両腕にはめて使用する場合もある。

気象データは世界標準時（UTC）
簡易天測法は日本時間（JST）
レース中の公式時間はアメリカ西岸夏時間（PDT）
艇内時間もそれに合わせてアメリカ西岸夏時間（PDT）
ロールコールもアメリカ西岸夏時間（PDT）
フィニッシュ時間はハワイ時間（HST）
フィニッシュ見込み時間もハワイ時間（HST）

3-5 Water & Foods
レース中の水と食料

ベンガル7食事担当／
森 治彦 談

レース中の飲料水

トランスパックレース規則が定めた非常用の飲料水は、クルー1人当たり最低1ガロン。2011年のベンガル7は合計8人だったので8ガロン。これは非常時以外は使用しない。

レース中の飲料水は基本的に造水器からのものを使用する。ただし最初の3日間は強風で大きくヒールするので、造水器はほとんど使用できない。その3日分はあらかじめ搭載した清水を利用する。

レース中の食料計画

食事の基本的考え方は：
(スタート日の昼食)＋(フィニッシュ日の食事)＋(1日3食として想定所要日数分)＋(6食)＋(夜食)＋(お菓子類)とする。ちなみに2011年の想定所要日数は10日間であった。

飲料水と食糧の買い出し。ロサンゼルスには日本食が豊富に揃うマーケットもあって便利

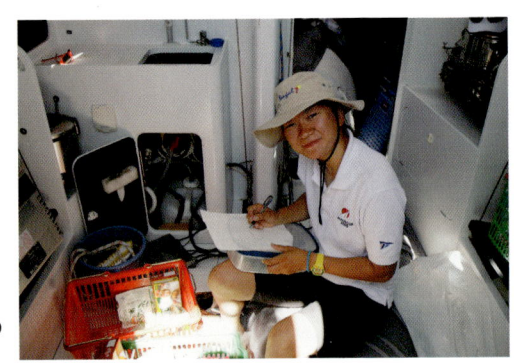

積み込み食料を確認する2011年の回航／サポートクルー、寺尾真裕子

レース中の食事は、各人が各自の
都合で食す

最初の1日半、つまり5食分は、おにぎり、サンドイッチ、果物など、調理なしでそのまま食べることができるものを用意する。

3日目から9日目までの食事は基本的にレトルト食品である。カップ麺、マジックライス（α米）など。

残りの2日分は米と、調理するおかず、野菜、缶詰、ドライ野菜、ドライフルーツなど。

夜食とは、お菓子類、ドライフルーツ、生の果物、スープ、味噌汁、シリアルバーなどをいう。

食事は基本的に、食料庫にあるものを各人が各自の都合で食す。全員で食事をするという団欒の時間は特に設けない。

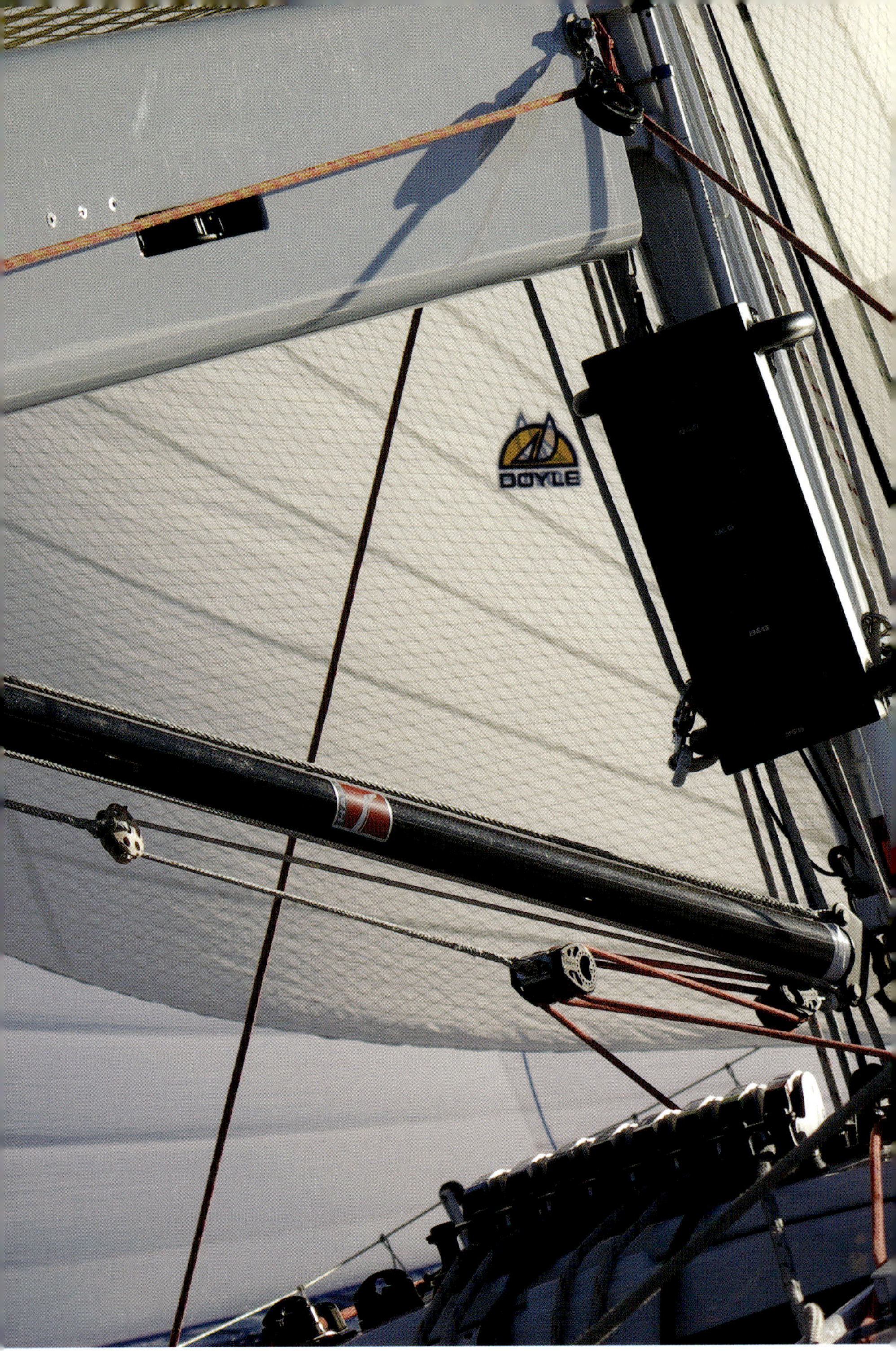
DOYLE

3-6 Sail Inventory & Repair Tools
セール・インベントリーとリペア用具

セールの考え方と準備

**ベンガル7ワッチキャプテン／
伊藤陽一（Doyle Sails Japan Tokai
ロフトマネジャー）談**

トランスパックレースのための事前セミナーが2011年2月にロサンゼルスヨットクラブで開催された。この資料はその時のテキストである。これはレース参加者にとって有益な資料と思われるので、ここに掲載する。
ただしセールに不案内な人にはちょっとした解説が必要であろうから、私（伊藤）のコメントを以下に付け加える。

最低限必要と思われるセールリスト

ヘッドセール
AP#1
#3
#4（ヘビーウエザージブ）
ストームジブ
スピンネーカー
A1/S1
A2/S2
A4/S4
バックアップ A2/S2
その他セール
スピンステースル
回航セール
メイン
ヘッドセール

最適と思われるセールリスト

ヘッドセール
AP#1
#3
#4（ヘビーウエザージブ）
ストームジブ
＋ #2ブラストリーチャー
スピンネーカー
A1/S1
A2/S2
A4/S4
バックアップ A2/S2
＋ A3/S3
＋ A6/S6
＋ A0（いわゆるコード0）
その他セール
スピンステースル
＋ ジェノアステースル
回航セール
メイン
ヘッドセール

左表セールリストについて

1. ヘッドセール#1でAPとあるが、これはオールパーパスの略。
2. #1 とはその艇で一番大きなLPを持つヘッドセールの意味。
3. #4(ヘビーウエザージブ)とは、#4をISAF外洋特別規定の「ヘビーウエザージブ」の規定に沿う形にして兼用するという意味。
4. スピンネーカーでAは非対称(Asymmetrical)スピンネーカー、Sは対称(Symmetrical)スピン。
5. スピンネーカーのコード名は下の「スピンネーカーコード表」を参照。
6. 最適セールリストでブラストリーチャーとあるのは、フルサイズではないという意味。単にリーチャーというと、フルサイズのものを意味する。

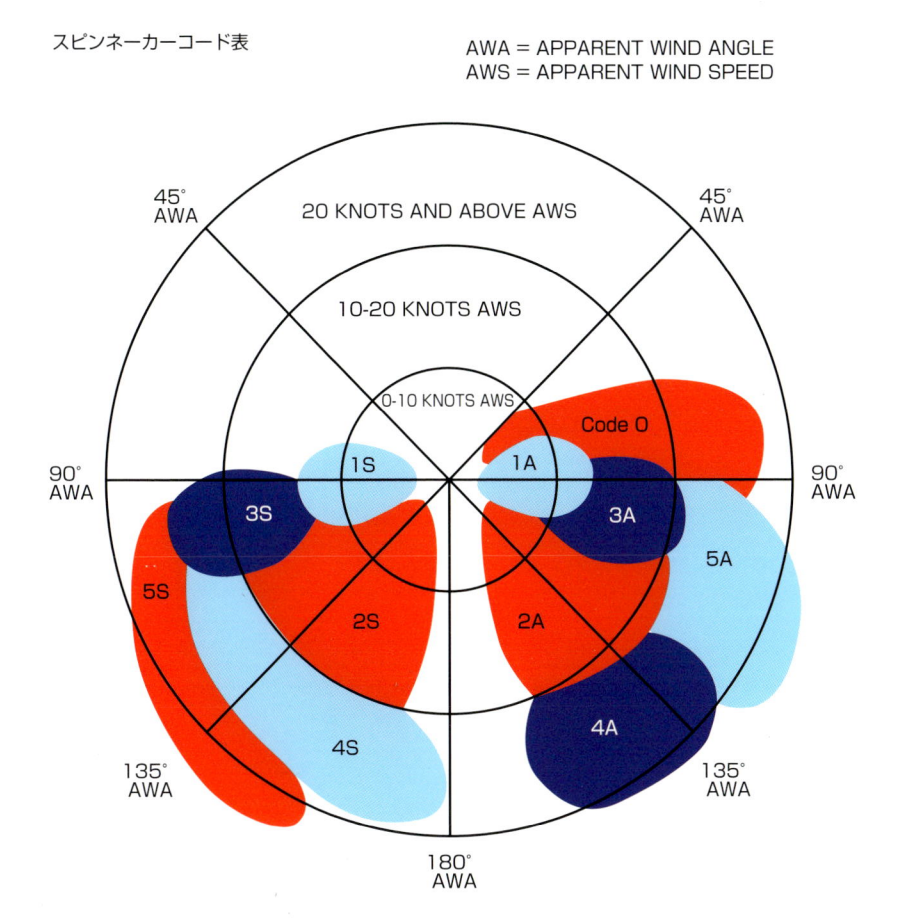

スピンネーカーコード表

AWA = APPARENT WIND ANGLE
AWS = APPARENT WIND SPEED

セールリペアキットについて：

推奨されるセールリペアキット

セール用のはさみとパーム
ボードとプッシュピン
セールオール / ピック
アセトン又はアルコール
リペアテープ、ダクロン
リペアテープ、ケブラークロス
2インチ幅リペアテープ、ロール
両面シームテープ
セール用の針と糸
スペアバテン(最長分)、メインセールとジブ用
チューブラーウェビング
オーリング
メインセール用スペア部品、スライダーなど

1. セール用のはさみとは、普通のはさみではなくてかなり特殊なものなので注意が必要。つまりセールクロスをちゃんと切ることができるはさみという意味である。ケブラークロスを使っている場合は、ケブラー用のはさみを用意する必要がある。
2. ボードとは、この場合50cm四方ぐらいの合板が適当であろう。プッシュピンとは目打ちの小型のもの(画鋲の大型のもの)で複数あったほうがよい。艇上で修理する時、セールの修理部分をこのボードにプッシュピンで貼り付けて作業をする。厚い部分を縫う場合には、プッシュピンで空けた穴が針を通す穴となる。
3. セールオールとはセール用の錐(きり)。ピックとは目打ち。
4. リペアテープとあるが、ベンガルでは1.5m×3mくらいのクロスを持参している。これを適宜カットして使用する。
5. 両面シームテープは、ベンガルの場合は2種類、12mm幅と10mm幅、各々50m巻き1本ずつを持参。
6. チューブラーウェビングとは、いわゆる補強用のベルト。よくセールのピークやクリューに縫い付けてあるあれである。チューブラーとは筒状を意味する。フラットウェビングもある。
7. このリストにひとつ付け加えるならば、スプライスキットだ。ロープ作業は煩雑に発生するので、これもあったほうが便利であろう。

ベンガルチーム・スキッパー／セールメーカーの伊藤陽一が使う手製のホルダー。中身は、裁ちバサミ、マーカーペン（赤と黒）、シームリッパー（縫い糸を切る道具）、メジャー（5ｍ）

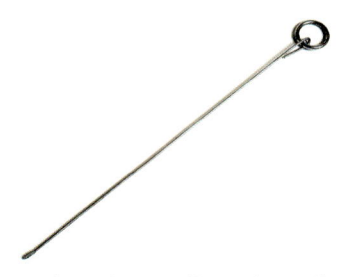

ロープのスプライスに使うスプライス棒

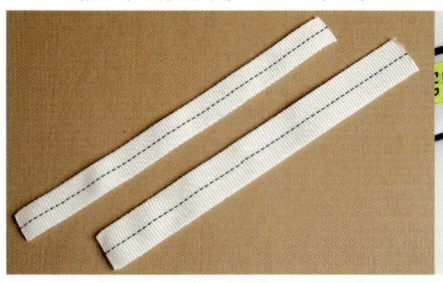

チューブラーウェビング（左）と25ミリ幅のフラットウェビング

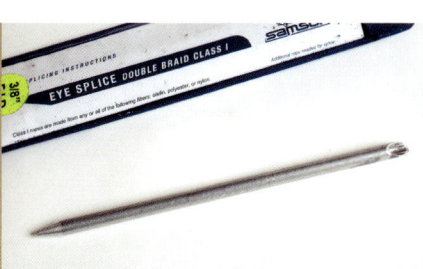

ロープのスプライスに使うフィッド（FID）

オーリング。中にバーのあるものは、強い力のかかるところに用いる

ケブラーやスペクトラなど強い繊維を切るときに使う庄三郎のハサミ。片刃にギザギザの目が立っている

パームと、セール用の針と糸。プッシュピン（画鋲）とピック（あるいは、スパイク、目打ちとも呼ぶ）

補修用のスティッキーバック（裏に糊のついた）3種。左から、ポリエステル・クロス、ケブラー繊維入りのフィルム、ケブラー・クロス

3-7 Watch System レース中のワッチシステム

ベンガル7ワッチキャプテン／伊藤陽一 談

ベンガルチームの現行のレース中のワッチシステムは：

1. 6人を2人ずつの3組に分けて、それぞれオン4時間、スタンバイ4時間、オフ4時間とする。
2. オンとスタンバイの仕事内容の違いはほとんどない。
3. 言いかえると、8時間ワッチに就いて、4時間寝るというシステムだ。
4. このシステムだと、常に4人がデッキ上にあり2人はオフとなる。
2009年と2011年はこのシステムを採用した。2011年の場合、総勢で8人なのでオーナーとナビゲーターは常時オフワッチとなった。

2007年以前のワッチシステムは：

1. 6(8)人を3(4)人ずつの2組に分けて、それぞれオン4時間オフ4時間とした。
2. いわゆる、単純な4時間ワッチシステムであった。

現行2人3組システムの長所短所：

1. 最大の長所は常に4人がオンであること。これで少々のことならオールハンズ無しで乗り切れる。オフの2人は完全に休むことができる。
2. しかし2回試してみてわかったことだが、4人では中途半端で、4人で何でも解決できるというわけにはいかなかった。
3. 次回は、3人3組方式を是非試してみたい。6人でならばジャイブを含めてほとんどのことが可能なので、オフの3人はかなり深く休むことができる。
4. これだとオフのオーナーを含めて総勢10人となり、人数過剰に思われるが、積荷に工夫を凝らせば可能なのではないか。
5. 2011年のナビゲーターは常時オフとしたが、艇上生活が不安定でやりにくそうであった。ナビゲーターもワッチに入れたほうが、むしろ本人も楽なのではないか。

ベンガル7　2011年のワッチシステム（2人3組）

オン	A組	C組		B組		A組
オン	C組	B組		A組		C組	
オフ	B組	C組	A組	B組	C組	A組	B組
	←4時間→	←4時間→	←4時間→	←4時間→	←4時間→	←4時間→	←4時間→

4 太平洋横断回航の実際
Trans Pacific delivery
日本〜ロサンゼルス(レース前)
ハワイ〜日本(レース後)

文／大橋且典

ベンガルチームはこれまでにトランスパックに6回、パシフィックカップに1回出場した。これらはすべて自力回航での参加である。
太平洋を自在に航行するベンガルだが、その回航は安藤康治氏が艇長としてすべてを引き受けてきた(航海実績参照)。
氏は「回航」についてどう考えているのか。使用艇、航路、気象、乗組員、通信、水、食料のことなどを順に語っていただいたので、ここに収録して紹介する。

安藤康治・航海実績

1989年　日本一周(シングルハンド小笠原往復航を含む)
1990年～1991年　碧南⇒シドニー、ベンガルⅡ
1994年　碧南⇒上海、上海大阪レース、ベンガルⅡ
1994年～1995年　碧南⇒シドニー、ベンガルⅡ
1997年　碧南⇒香港、ベンガルⅡ
2000年　碧南⇒沖縄、沖縄レース、ベンガルⅡ
2001年　碧南⇒ロサンゼルス、トランスパックレース、ベンガルⅡ
2002年　ハワイ⇒サンフランシスコ、パシフィックカップレース、ベンガルⅡ
2003年　ハワイ⇒ロサンゼルス、トランスパックレース、ベンガルⅡ
2005年　ハワイ⇒ロサンゼルス、トランスパックレース、ベンガルⅡ
2006年　ハワイ⇒碧南、ベンガルⅡ
2007年　蒲郡⇒ロサンゼルス、トランスパックレース、ハワイ⇒蒲郡、ベンガル7
2009年　蒲郡⇒ロサンゼルス、トランスパックレース、ハワイ⇒蒲郡、ベンガル7
2011年　蒲郡⇒ロサンゼルス、トランスパックレース、ハワイ⇒蒲郡、ベンガル7

4-1 About the Bengal II & Bengal 7
使用艇、ベンガルⅡとベンガル7について

回航についてはいろいろな要件があるが、そのうちで最も重要なものはやはり使用艇そのものであろう。
ベンガルチームの場合、所有艇は決まっているので艇の選択はできない。つまり、以前はベンガルⅡ(以下 2)であり、現在はベンガル7(以下 7)である。このふたつについて、その性格、仕様、私(安藤)なりの乗り方、使用に際しての工夫の実態などを比較して紹介する。

コクピットの背当て

7の回航を始めるようになって改めて気がついたことだが、2のコクピットはベンチ型なので、背当てがあって長期航海では快適であった。最近の回航は背当てのない7

ベンガルⅡのベンチ型コクピット。長期航海には背当てが快適だ

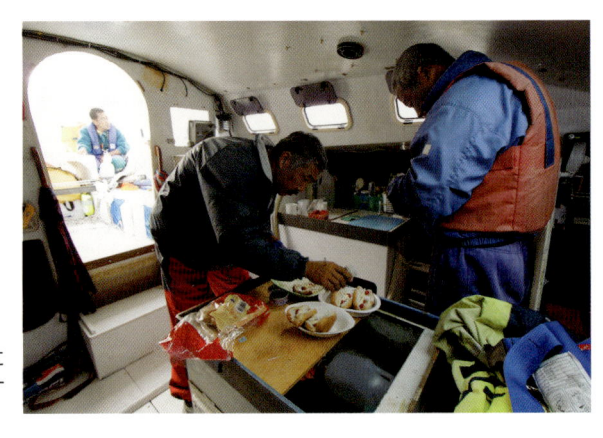

ベンガルⅡのキャビン。中央にエンジンボックス兼用のテーブルがある

なので、陸に到着した後は、背当てのついたイスに座って、ちゃんとしたテーブルの上で食事をしたいと無性に思うのである。

テーブル

そういえば、7にはキャビンにテーブルがない。2にはエンジンボックス兼用のテーブルがあって、ちょっとした物を置く台になり、もちろん食事時のテーブルにもなる。7ではこれがないのだから、食事は床に座って食べることになるし、暫時物を置く時もいちいちその置き場所を探す必要がある。

コクピット形状

7は純レーサーなのでコクピットは大変広くてしかも浅い。レースでの使い勝手は抜群だが、回航では、特に波が大きくなって不安定な時は、立って歩き回るということが難しくなるので、這って移動することになる。

レースには良いベンガル7の
広く浅いコクピット

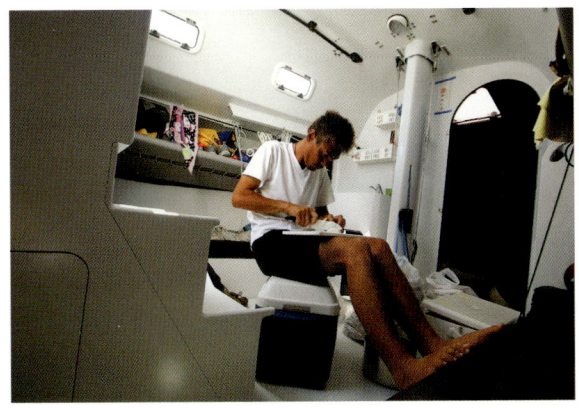

ベンガル7のキャビン。回航時
にはテーブルが欲しくなる

コンパニオンウエイ

以上2の長所ばかりが続いたが、7のほうが優れている点も多い。7のコンパニオンウエイはよくデザインされており、純レーサーなのに安全で使いやすい。まず入口の幅が適度に狭いので体のホールドが容易で安全だ。また、その入口は横壁があって奥行きがあるので、たとえ追い波の直撃を受けても、キャビン内への被害を最小限に食い止めることができる。さらにスライドハッチに工夫がしてあり、これがひさしの役割を果たすので、常に差し板をオープンにしておくことができ、キャビン内をドライに保つことが可能で、しかも出入りが楽だ。私は7で何度も太平洋を横断したが、どんなに吹かれても、一度も差し板を閉じたことはない。大変快適である。

入口の庇

もちろん、2のコンパニオンウエイも回航での快適さは特筆もので、私を含めて乗組員の多くがこの入り口のお世話になってきた。特に大きな庇とその下の外のベンチ（前頁ベンガルIIコクピットの写真参照）の使い勝手のよさは、利用したものにしか理解できないだろう。

回航における艇のパフォーマンス

2のほうが大きいしスタビリティもあるので、回航スピードは2のほうが7より速い（レース本番では7のほうが速いが）。それに安定感があるので、何と言うか、意識して走らせようとしなくても艇自体が自分で走っていってしまう。7はその逆で、こちらが走らせようとしないと走らない、という面がある。実際、北太平洋回航の記録を見ても、2の場合のほうが7より早く到着している。

荒天帆走

どちらも超軽排水量型の高速艇なので、荒天でヒーブツーができない。2ではドローグも使ってみたが、行き足は止まるものの、艇は風上に立たずに横を向いて走ってしまうので危険だ。逆に荒天の追手ではベアポールでも十分に走り（艇速約6ノット）、舵も効くのでそのまま前進することにしている。

ベンガル7の荒天帆走

7は新しい艇なので乗艇回数が十分ではない。それでも北太平洋回航は3回目なので、そろそろコツがつかめてきたような気がする。今回最もびっくりしたのは、2では何度トライしてもできなかったヒーブツーが、7では可能であるという発見である。7のブームは太くて面積が大変広いので、小さなメインスルとして活用できることが判明した。これを使ってヒーブツーが可能となったのである。今年の実績では、風速36ノットで、セールなしのベアポール状態で、ブームをうまく調節すれば船首が風上に向いて安定する。艇速2ノットぐらいで静かに風下に流れることができた。

回航時のベンガル7の積荷状態

7は純レーサーなので、回航用には軽すぎる。これは積荷で調節する。特にトリムは重要である。7は海面追随性が良すぎるので、思い切って大きくスターントリムにする必要がある。さもないと、回航では艇速が遅いので、バウから波に突っ込むことになる。スターントリムにすれば、波を乗り越える時でもスターンから着水するような形になるので安心だ。リグも工夫した。そのままではフルクルー用の純レーサー仕様なので、特にリーフは少人数でも対応できるように改造した。

ベンガル7のコンパニオンウエイ

ベンガル7セールプラン

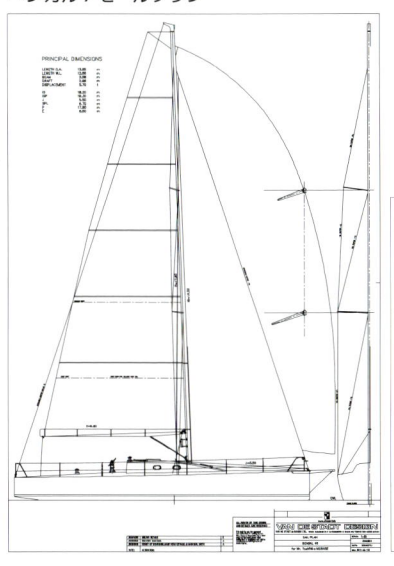

ベンガル7一般配置図

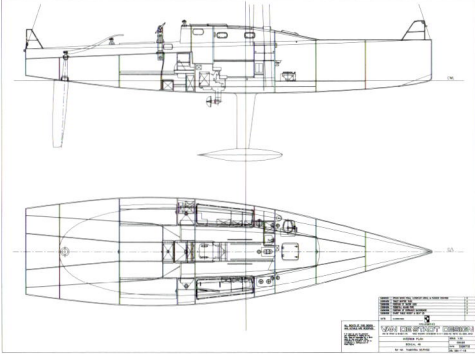

4-2 回航の航路と気象
Routes & the Weather

トランスパック関係の回航には3つの航路がある。1.日本からロサンゼルス、2.ハワイからロサンゼルス、そして3.ハワイから日本へのコースだ。
2.と3.の航路はハワイがらみなので、気温が高く、台風さえなければ海は比較的穏やかだ。しかし1.の日本からロサンゼルスへの航路は距離は長いし、気温も低く、低気圧はたくさんやってくる。まずはこの最も長く、最も厳しい航路から紹介を始めよう。

2001年ベンガルⅡ 北太平洋回航航跡図

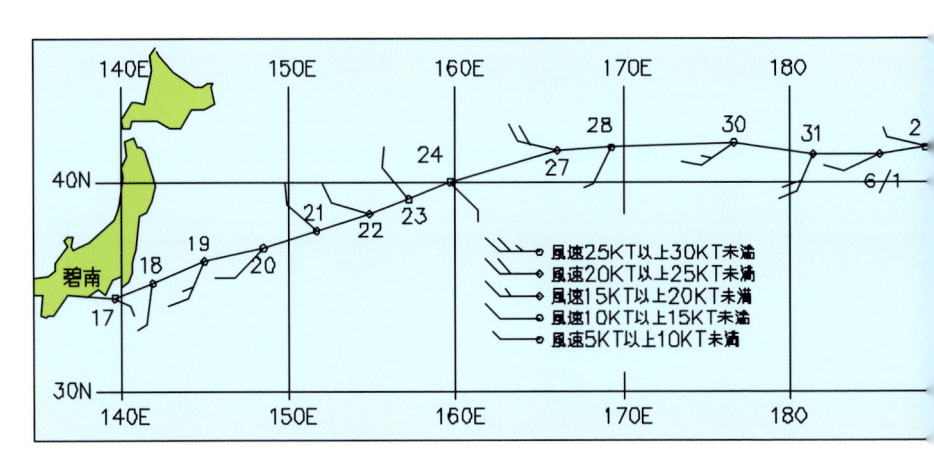

日本→ロサンゼルス
全航程約5,500マイル、約36日間。

トランスパックレースのスタートに間に合うように日本を出発する。通常は5月の連休明け前後に日本発で、6月半ばにロサンゼルス着である。この時期日本近海は強力な低気圧が定期的にやってくるので、出発から西経170度ぐらいまでは全く気を抜けない。常に低気圧の動向に注目して進むことになる。その後、西経170度ぐらいから西経130度ぐらいまでは（時に低気圧が来ることもあるが）西から南の風が安定して吹くことが多い。しかし曇天で寒い。ここで南下すれば暖かくなるが、風は弱く距離も長くなるので、出来るだけ北を行くことになる。西経130度ぐらいからは、例の（トランスパックレースの主役）太平洋高気圧東縁の強い北風が始まる。そこからは一気に足を延ばしてロサンゼルスにフィニッシュするというのが通常のパターンである（下図参照）。

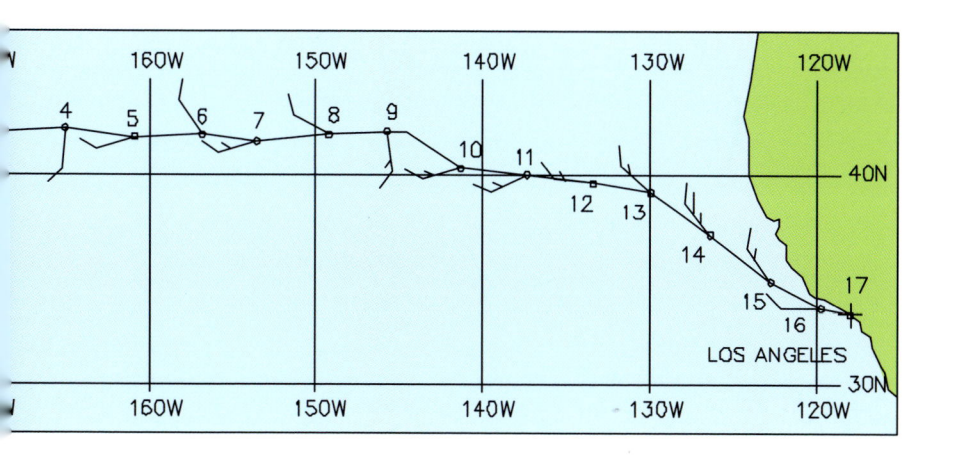

ハワイ→ロサンゼルス
全航程約2,700マイル、約18日間。

これはトランスパックレースの反対のコースである。アメリカ本土からの出場艇にとってはレースが終了して帰りの回航にあたるが、我々にとってはレースに出場するための往きの回航となる。ハワイからロサンゼルスまで直行するコースを引くと、レースの逆となり、つまり向かい風のエリアを通ることになる。これを避ける意味

2003年ベンガルⅡ 航跡図

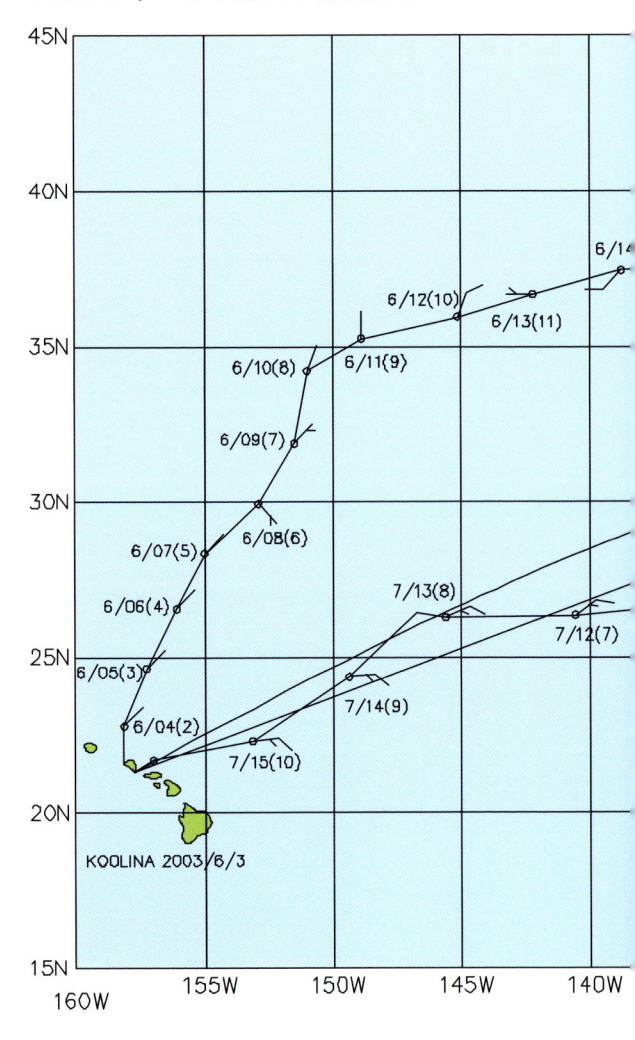

注:ベンガルⅡの時代は、トランスパックレース終了後、フネは日本に戻さずにハワイに係留しておくことが多かった。その場合、次のレースに参加するためには、艇はハワイからロスに回航する必要があった。この航路はその時のものである。

で、ハワイからは北へ向かう。その時の高気圧の位置と大きさ次第だが、大体北緯38度近辺まで北上する。この間は概ねクローズドリーチ。そこから高気圧の北の縁を回り込む。このあたり風は弱いので機走になることが多い。機走は最大で合計200時間ということもあった。西経130度ぐらいまで行けば、前項でも述べた強い北風がくるので、これに乗ってロサンゼルスに到着できる。これは回航3航路の中で最も安定した航路なので、どうしてもということなら、シングルハンドでも実行可能なのではなかろうか（下図参照）。

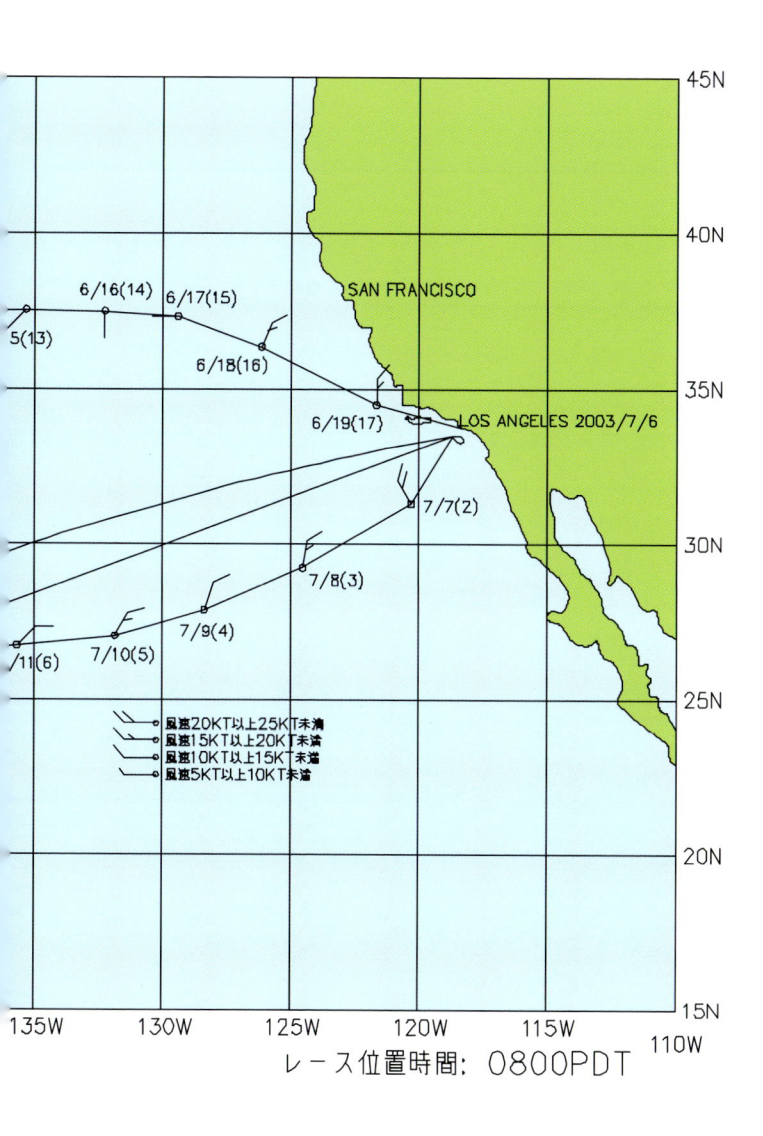

ハワイ→日本
全航程約3,800マイル、約24日間。

ハワイ出発から全航程の2/3ぐらいは貿易風の中を走る。大変暑い。貿易風中ではスコールの突風がくるので要注意だ。常にワッチして、できることなら突風を避ける。避けられない場合は、リーフしてオートパイロットをはずし、きたるべき事態に備える（下図参照）。

2009年ベンガル7回航航跡図

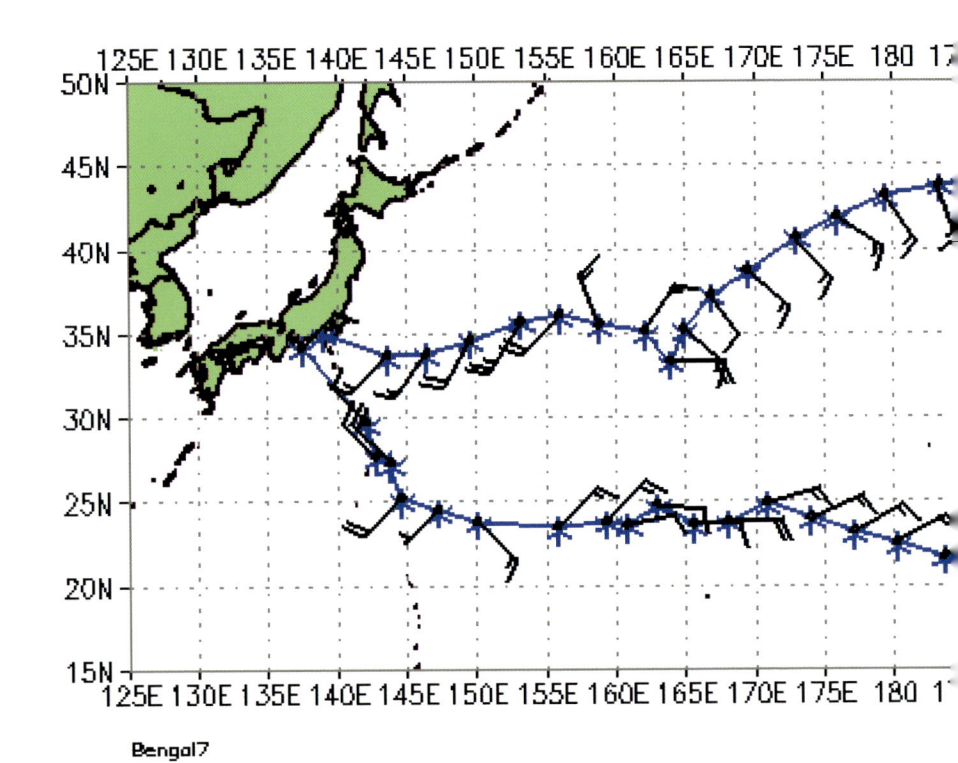

Bengal7

回航時の気象情報

ベンガルの回航では、気象海洋コンサルタント社と契約して、同社のクルージング気象情報を利用している。同社サイトの気象情報も有用だが、馬場正彦社長自らが毎日発信するEメール情報が大変有効である。私（安藤）は氏の情報を全面的に信頼しており、ほとんどこのEメール情報のみで太平洋を渡っていると言ってもよいだろう。この情報は、入手のためのパソコン作業がほとんど不要で、自分の目に直接入ってくるので時間が節約できる。特に荒天下ではシンプルなのが良い。荒天下ではどんな些細な作業でも負担になる。そして気持ちが悪くなる。氏の情報には気象情報ばかりではなくて、今後我が艇が取るべき推奨コースも含まれている。好天に恵まれて変化のない状況でも、自分が次の展開を考える時、馬場氏の推奨コースと比較できる。そして安心が確認できる。今後もこの情報だけは是非確保して、それから回航に臨みたい。

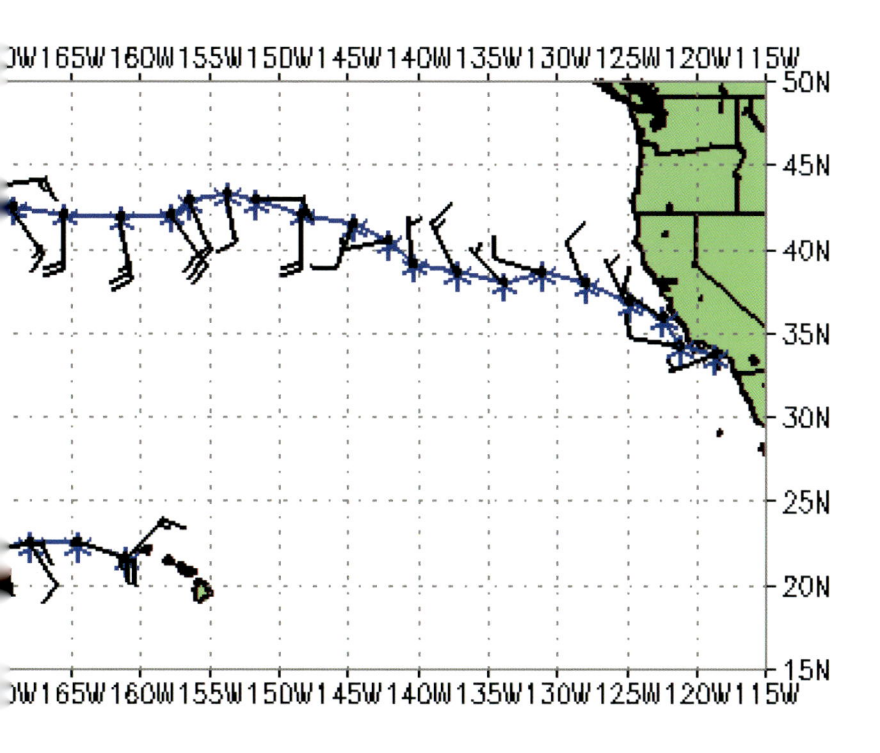

4-3 Crew & Watch
乗組員とワッチ

乗組員

回航クルーに要求される第一の条件は、どのチームでもそうであろうが、費用と時間である。ベンガルの場合、費用負担の方は自分自身の必要分程度なので何とかなるだろうが、問題は時間がどれくらい確保できるかである。今までの例では、日本からロサンゼルスまでの回航には最短で31日、最長で38日かかっているから、この航路では少なくとも40日は用意できることが条件となる。これがクリアできれば、乗艇許可はもう目前だ。

前述のどの航路でも、クルーは全部で4人は欲しい。現実の北太平洋航路では3人の時もあったし、4人の時もあった。全般にクルーは不足気味である。ハワイからロサンゼルスまでの航路では、私（安藤）を含めて合計2人という時が2回もあった。

クルーの人選は最終的には私（安藤）が自ら決定する。過去には人選の失敗が1例だけある。これはそのクルーの船酔いが激しくて、回航の最初から最後まで動けなかったというケースだ。それ以外はすべて成功であった。ただし希望しても乗艇許可が出なかった例もあるので、希望者はそれなりに覚悟が必要だろう。

回航時のワッチシステム

総勢4人のケースでは、1人ずつ4組に分けて、それぞれ4時間オン、4時間オフ。2時間重複。デッキ上では常に2人が当直となる。

総勢3人の場合は1人ずつ3組に分けて、4時間オンの2時間オフで、2時間重複の、常に2人の当直。

クルーの練度によっては、変則ワッチを組むこともある。

オートパイロット

オートパイロット（オーパイ）は実質的にクルー1人分の役割を果たすので重要だ。現在の私の使用機はRaymarineのST7000電動24V（24Vでないとパワーが不足する）である。これは1995年から使用している。途中ドライブ（モーター）を追加して、それら新旧を交互に使用中だ。事故例としては、航海中にドライブの破損が1回あった。その他の事故としては、スペアでキープしてあった新規のコンピュータを使ってみたら途中でダメになったので、もとの旧コンピュータに差し替えたという例がある。この旧機は現在もそのまま使用している。ウインドベーンは使用しない。ベンガルⅡで一度試してみたが、下のラダーが折損した。艇速10ノット以下の低スピードボートなら使用可能であろうが、ベンガルⅡとかベンガル7などの高速ボー

トには強度が足りないのではないだろうか。

回航中、艇長として特に気をつけていること

海上の生活を、クルーがいかに快適に過ごせるかということに注力している。たとえば、食事、会話、音楽、等々では、各人の好みを重視して、できる限りそれに沿うように気を使っている。

また、モチベーションの維持という点にも注力する。回航ではレースと違って、物事を前に進めるという姿勢を失いそうになる場面が多い。例えば、荒天下ヒーブツーに入ると、することがなくなってヒマになってしまう。その状態が続くと、疲れも手伝って、天気が回復して仕事が必要になっても、必要な行動が取れなくなるケースが出てくる。こういう場面こそ艇長の出番である。率先して行動する。気象情報をもとに毎日ミーティングを欠かさず、今後の見通しを全員に周知し、全員の意識を前向きに整える。決してワッチ体制は解かない。

4-4 Communication
回航中の通信

ベンガルの通信は以前はアマチュア無線であった。トランスパックキャンペーンが始まってからインマルサットに変わった（2001年）。緊急時にはオーナーと直接電話ができるということでこれを採用したが、これまでの業務電話の使用は数回程度である。現実のインマルサットはインターネットでの使用がほとんどだ。特にEメールは便利である。艇にはアマチュア無線の機器も搭載しているが、現実にはほとんど使用していない。インマルサットの信頼性は高い。荒天下でもほとんどの場合で使用可能であった。ただし、2007年のトランスパックレース中に、カーボンメインスルの影響で通信ができなくなったことがある。これは原因がはっきりした時点で、タックを変えるなどして解決できた。

緊急電話連絡網

別件だが、ベンガルチームは緊急電話連絡網を敷いている。非常の場合はインマルサットの電話を使って24時間ワッチ担当者（ベンガルの場合、渡辺明彦氏が専ら担当している）に連絡できる。担当者が明確に決まっているので、私（安藤）としては心置きなく連絡できるので、心が軽い。

幸いなことに、この連絡網はまだ一度も使用したことはない。

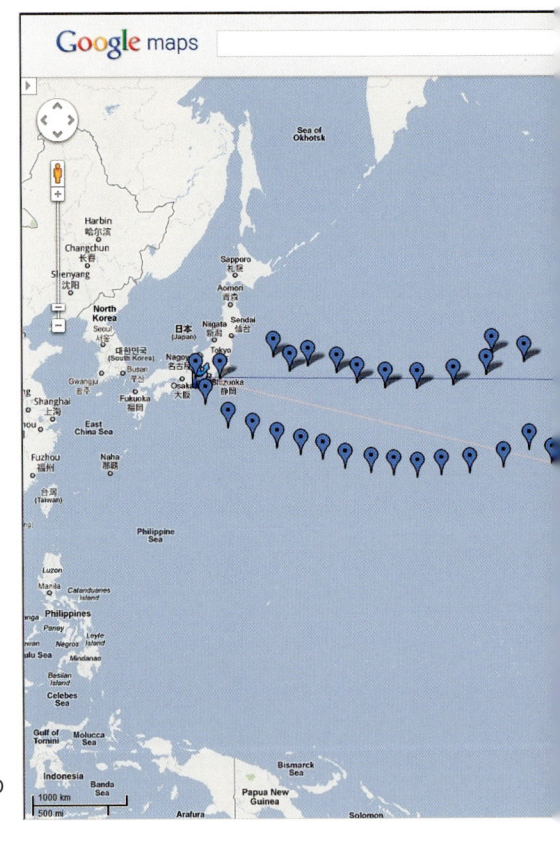

2011年ベンガル7 回航とレースの航跡図。地図／©Google

4-5 Water & Foods 水と食料

食事については、出発前の買物作業の段階で、料理をする人、しない人がはっきりして、各人の役割が自然に決まるようだ。回航の食事は基本的にご飯を常に炊く。ご飯さえ炊いておけば、レトルト食品もあるし缶詰もあるので、いつでも何とか食事ができる。実際には、各人が各自のワッチ終了時に食事をとって寝るという流れになる。皆で一緒に食卓を囲むという形はほとんどない。ご飯を炊くタイミングは、ご飯がなくなったらその時点で誰かが炊く。誰が、という取り決めはしない。

水については造水器があるが、これだけには頼らない。特にベンガル7の場合は前述のとおりフネを重くして、さらにスターントリムにしたいので、清水の積載は毎回多くなる傾向にある。ただし多いといっても、2011年の日本〜ロサンゼルス航路で、ポリタンク6個であった。クルーは全員で3人なので、40日間で1日ひとり1リットル足らずの計算となる。

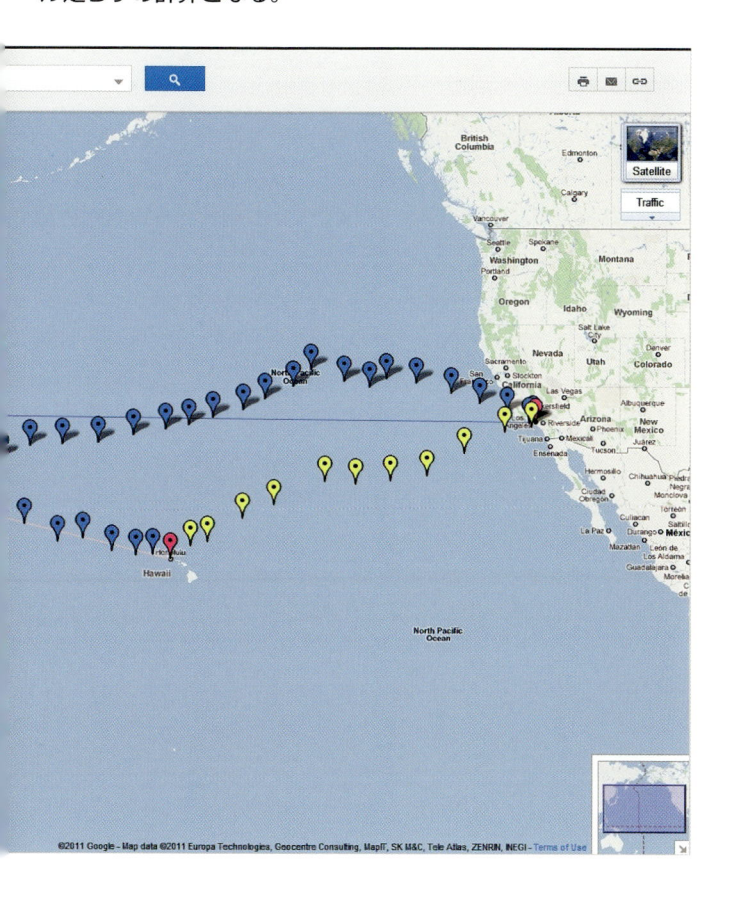

4-6 Foods list for delivery
資料1　ベンガル7　北太平洋回航・食糧リスト

	品目	2007年(4人)	2009年(3人)	備考欄	2011年(3人)	備考欄
主食・副食	米(7分づき)	35kg	20kg		20kg	
	パン	3本	4食分		コモパン多く	1ヶ月もち賞味期間が長い
	インスタントラーメン	20ケ	30ケ		25ケ	
	うどん	12ケ	6ケ	作らない	なし	
	パスタ	16ケ	6ケ		30食	
	カップ麺	160ケ	120ケ		57ケ	レース用の分も欲しかった
	餅	3袋	2袋	もち粉製はダメ	1kg	
	シリアル	20ケ	5ケ		5ケ	
	カロリーメイト	2箱	2箱		10箱	足りなかった
	レトルト	72食	72食	50でよい	50食	
	パスタソース	36食	18食		25食	
	缶詰	120缶	80缶	魚類を多めに	80缶	
	インスタントスープ	120食	120食	60でよい	60食	
	炊き込みご飯の素	6箱	5箱		5箱	
	ホットケーキ	3箱	2箱		2箱	
	瓶詰らっきょ	3瓶	3瓶		2瓶	
	瓶詰佃煮のり	3瓶	3瓶		3瓶	
	瓶詰なめたけ	2瓶	2瓶		2瓶	
	瓶詰メンマ	1瓶	1瓶		1瓶	
	瓶詰ピクルス	1瓶	1瓶	不要	なし	
	梅干	9パック	7パック		8パック	余った
	ビーフジャーキー	5袋	2袋		1袋	
	カレールー	3箱	4箱	2箱でよい	2箱	
	お茶漬けの素	60食	60食		60食	
	ふりかけ	3瓶	5瓶		5袋	
	すし太郎	8食	8食	4食でよい	4食	
	インスタント味噌汁	20ケ	30ケ	フリーズドライ(アマノフーズ)	60食	
	乾燥ワカメ	2袋	1袋		1袋	
	乾燥しいたけ	2袋	1袋		1袋	
	ハム	5パック	5パック		5パック	
	魚肉ソーセージ	6パック	8パック		18本	
	スパム		2缶		なし	
	ソイジョイ		80個	4種x20個	6種x10個	足りなかった
	ハンバーグ(レトルト)				6ケ	
	お好み焼きの素				2袋	
	ウィダーインゼリー				3ケ	

	品目	2007年 (4人)	2009年 (3人)	備考欄	2011年 (3人)	備考欄
生鮮品	キャベツ	5玉	3玉		3玉	足りなかった
	たまねぎ	70ケ	30ケ		30ケ	
	ジャガイモ	50ケ	20ケ		20ケ	
	にんじん	20本	7本		6本	
	大根	4本	3本	1本でよい	1本	
	山芋	4本	2本	1本でよい	1本	
	にんにく	1.5kg	0.5kg		0.5kg	
	しょうが	3ケ	3ケ	チューブでよい	なし	
	りんご	20ケ	10ケ		10ケ	
	オレンジ	30ケ	20ケ		20ケ	
	バナナ	20本	20本		20本	
	卵	30ケ	30ケ		3パック	
	レタス		1ケ		1ケ	
	ミニトマト		1パック		3パック	
	きゅうり				5本	
その他	お菓子	75ケ	60ケ		60ケ	
	ロングライフ牛乳	81ケ	54ケ		大小さまざま	あまり飲まなかった
	お茶	1パック	1パック		1パック	
	インスタントコーヒー	6瓶(小)	6瓶(小)		6瓶(中)	支給品。レースでも帰りの回航でも使った
	紅茶	1箱	1箱		1箱	
	ペットボトルのお茶		6本		6本	
	ミネラルウォーター		24本		4ケース	支給品
	ブランデー	1本	1本		1本	
	缶ビール	6本	6本	不要	なし	
	抹茶		1袋		1缶	道具を積み忘れた
	クリープ		1瓶		1瓶	
	ドリップコーヒー	1袋	1袋		1袋	
	西の山の水				18ℓ×6	安藤家の井戸水
調味料	しょうゆ	2ℓ	1ℓ		500ml×2	
	味噌	3kg	1kg		0.75kg	使わなかった
	塩	500g	500g	多かった	小瓶2ケ	
	コショウ(瓶)	2ケ	2ケ		2ケ	
	みりん	1ℓ	1ℓ		1ℓ	
	ソース	1瓶	なし		1瓶	
	マヨネーズ	2本	2本		2本	
	七味とうがらし	1ケ	1ケ		1ケ	
	一味とうがらし	1ケ	1ケ		1ケ	
	だしの素(3種類)	1箱ずつ	1箱ずつ		1箱ずつ	
	小麦粉	500g	500g	多かった	なし	
	カレー粉	1缶	1缶		1缶	
	コンソメ(2種類)	1箱ずつ	1箱ずつ		1箱ずつ	
	砂糖	1kg	500g		500g	100gでよい
	わさびチューブ	2ケ	2ケ		2ケ	
	にんにくチューブ	2ケ	2ケ		2ケ	
	しょうがチューブ	2ケ	2ケ		2ケ	
	サラダ油	2ℓ	1ℓ	半分でよい	500ml	
	片栗粉	1袋	1袋		なし	
	削り節	1袋	1袋		1袋	
	ガーリックハーブ	1ケ	1ケ		なし	欲しかった
	蜂蜜	1瓶	1瓶		1瓶	
	ジャム	1瓶	1瓶	2種類欲しい	2瓶	
	ごま油		1瓶		1瓶	
	めんつゆ				1瓶	
	ポン酢				1瓶	
	ケチャップ				1ケ	
	からし				1本	

4-7 Wardrobe for delivery
資料2　回航用ワードローブ（衣類）リスト

2011年北太平洋（日本〜ロサンゼルス）
5,500マイル、約36日間

オイルスキン上下2セット
サーマルトラウザース2
ウインドブレーカー1
サーマルロングTシャツ3
フリーストラウザース1
フリースシャツ2
ウールシャツ1
セーター1
下着のパンツ2
靴下18
帽子（雨用、晴用、毛糸製防寒用）3
手袋（防寒）1
リストバンド（テニス用の汗止め）（手首袖口の水漏れ止め）2
セーリングブーツ（デュバリーゴアテックス）1
セーリングシューズ（紐式スニーカータイプ）1
グローブ1
サングラス1
ハーネス1
ネックウォーマー1
タオル10
腕時計（昼用、夜用）2
ナイフ1
フラッシュライト（中、小）2
ヘッドランプ1
圧縮袋（大、中）6
セーリングバッグ2
カメラ1
音楽CDたくさん
寝袋1
歯磨きセット1
髭剃りセット1
薬1式

2011年ハワイ圏から（ハワイ〜日本）
3,800マイル、約24日間

オイルスキン上下1セット
ウインドブレーカー1
サーマルトラウザース1
サーマルロングTシャツ2
Tシャツ6
短パン3
ジャージ（下）1
下着のパンツ2
靴下20
帽子（雨用、晴用、麦わら帽）3
リストバンド2
セーリングブーツ（デュバリー）1
セーリングシューズ1
サンダル1
グローブ1
サングラス2
ハーネス1
タオル10
腕時計2
ナイフ1
フラッシュライト　2
ヘッドランプ1
圧縮袋6
セーリングバッグ2
カメラ1
音楽CDたくさん
歯磨きセット1
髭剃りセット1
薬1式

2011年5月、ロサンゼルスへの回航準備を整えるベンガル7

コメント
★北太平洋回航用のオイルスキン上下は2セット必要だと思う。びしょ濡れになったとき、交互に着ることができる。2枚重ねて着用すると水密性が増す。
★回航用の装備は、必要と思われるものはすべて持参するのがいい。レース用と違い、積荷は制限されない。
★装備のすべては防水のためビニール袋に入れる。透明な袋ならば内容物がわかりやすい。
★種類ごとに分ける場合は、中ぐらいの袋に分割するとよい。
★濡れてしまったら着替える。
★2011年の北太平洋航路は南へ出たので、意外と暑い日が多かった。
★化繊のインナーは必須である。暑くても寒くても、水濡れが残らないですぐ乾く。

5 トランスパック2011 ベンガル7写真集
Bengal 7's Transpac 2011 race images

艇上写真／平野恭行＆チーム・ベンガル　写真キャプション／平野恭行

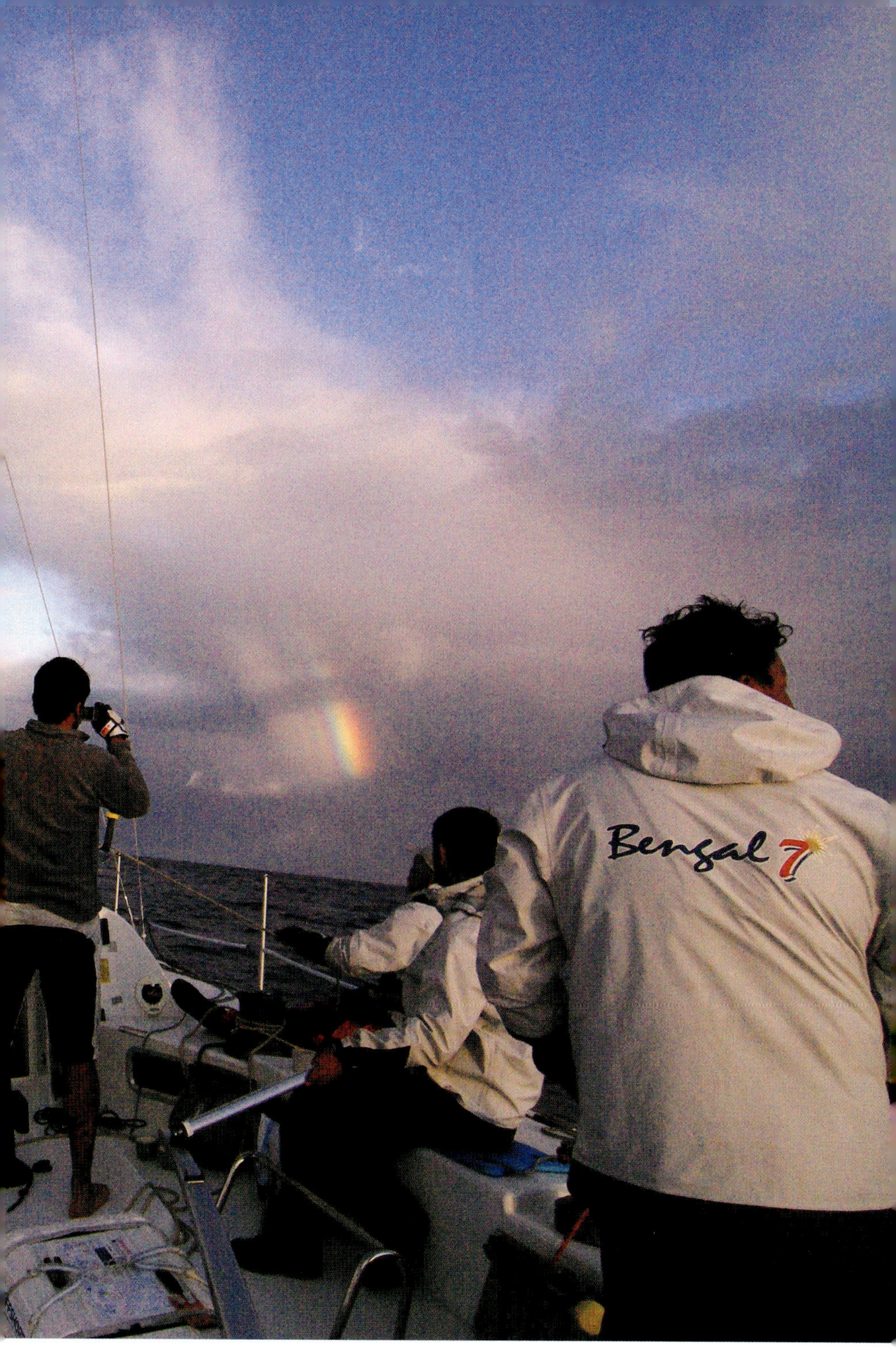
Bengal 7

過去3回お世話になったロングビーチの〈トラベロッジ・ホテル〉。マリーナから約1kmの距離にある、我々が隔年で訪れる別荘(!?)である。ホテル、レンタカー、レストラン、道具や材料の調達場所など、遠征レースでは、現地の"どこに、何がある"のかを事前に情報収集することが重要となる

毎回、現地で手厚い歓迎をしてくれるウェルカムパーティーでの1枚。今回のキャンペーンでは"まゆちゃん"が回航ブログを開始し、英文翻訳もして世界発信をした。そのお陰で我々チームの広報担当の彼女は様々な人に声を掛けられて、大人気だった

レーススタート2日前、不要物(回航セール、回航用品、陸上生活用品、クルー私物など)をコンテナに積み込む。多くのチームがこの配達業者を使い、ナント！ゴールする頃にはワイキキヨットクラブにコンテナが到着しているフットワークの軽さと利便性がある。値段は結構かかるが、業者によれば"2年に一度のボーナス！"というほどいい商売になっている

スタート当日の出航前の集合写真。現地のセーラー夫婦、ゲーリーさんとキャシーさんとともに。毎回、強力なサポートとバックアップを無償でしてくれる素晴らしい仲間で、もはやチームにとって欠かせない存在。こんな素敵な出会いがあるのも海外レースの魅力のひとつだ

安藤さんと陽ちゃんの間にいる方は、トランスパックのチーフ・インスペクターのRoby Bessentさん

現地の日本人セーラーの送迎を受ける。海外で見る日本国旗はなんだか感慨深く、改めて、日本国民だと再認識できる瞬間でもあったりする

停泊地であったレインボーハーバーを出港する。大型水族館、〈クィーン・メリー2〉など観光施設が充実し、過去にはF1の市街地レースも開催された場所だ。平日、週末かかわらず多くの観光客が訪れ、ヨット、ボート、海を身近に感じられる、素晴らしい場所である

約10日間踏むことのない陸地を眺めつつ、スタート海面まで約1時間の移動。最終作戦会議、明らかに陸上とは違う冷たいシーブリーズを肌に感じながら、各自、心と身体もスタートに向け最終調整に入る

スタート数分前。インショアレースのような激しいつばぜり合いはないものの、小型艇である我々は大型艇の影響を受けないように、また、沖にあるカタリナ島の北をチームの目標ポイントにするため、少し落とした走りをするためにアウター（シモイチ）を狙う

スタート準備信号前、続々と集まってくるレースボートたち。日本では到底お目にかかれないサイズばかりで、緊張と不安の中に、単純にセーラーとしてその場にいる嬉しさと興奮が沸き立つ

角度を少し落としてのパワフルな走り　photo / Sharon Green

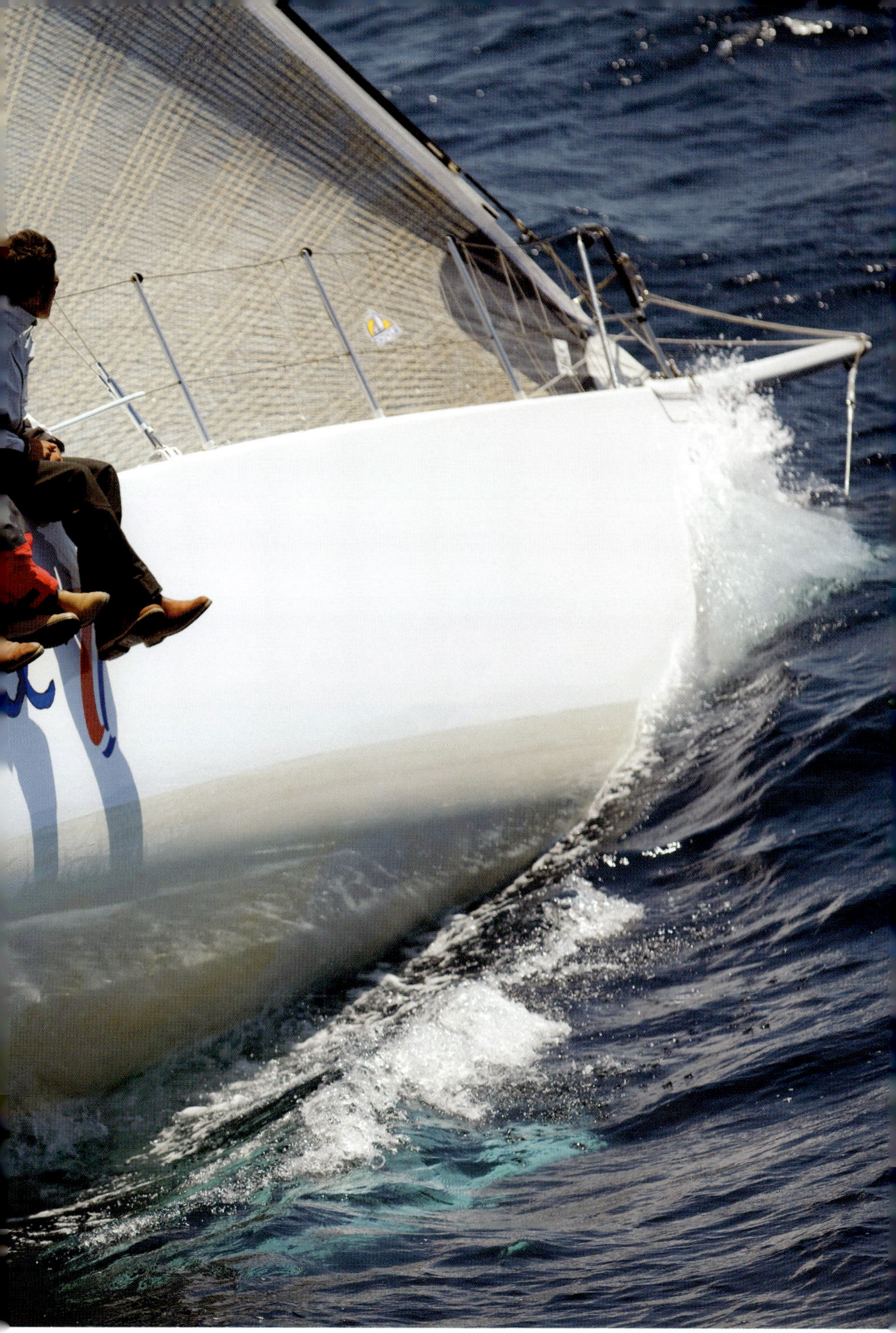

10日間ものロングレースでは、できるだけ舵を取れる者がいた方が良い。普段は舵取りをあまりしない元ニッポンチャレンジ・クルー長尾氏が元五輪セーラーの高木氏のアドバイスを受けながら丁寧に船を操る

通り雨が上がった直後。今回のレースでは通り雨にともなう強風をいくつも受けて激走することができた。強いものでは30ノット近くの風が1時間以上も続くことがあった。かなりの緊張と神経を使って走った後での脱力感、無事走った安堵感、太平洋の真ん中での素晴らしいセーリングができたことに顔がゆるむ

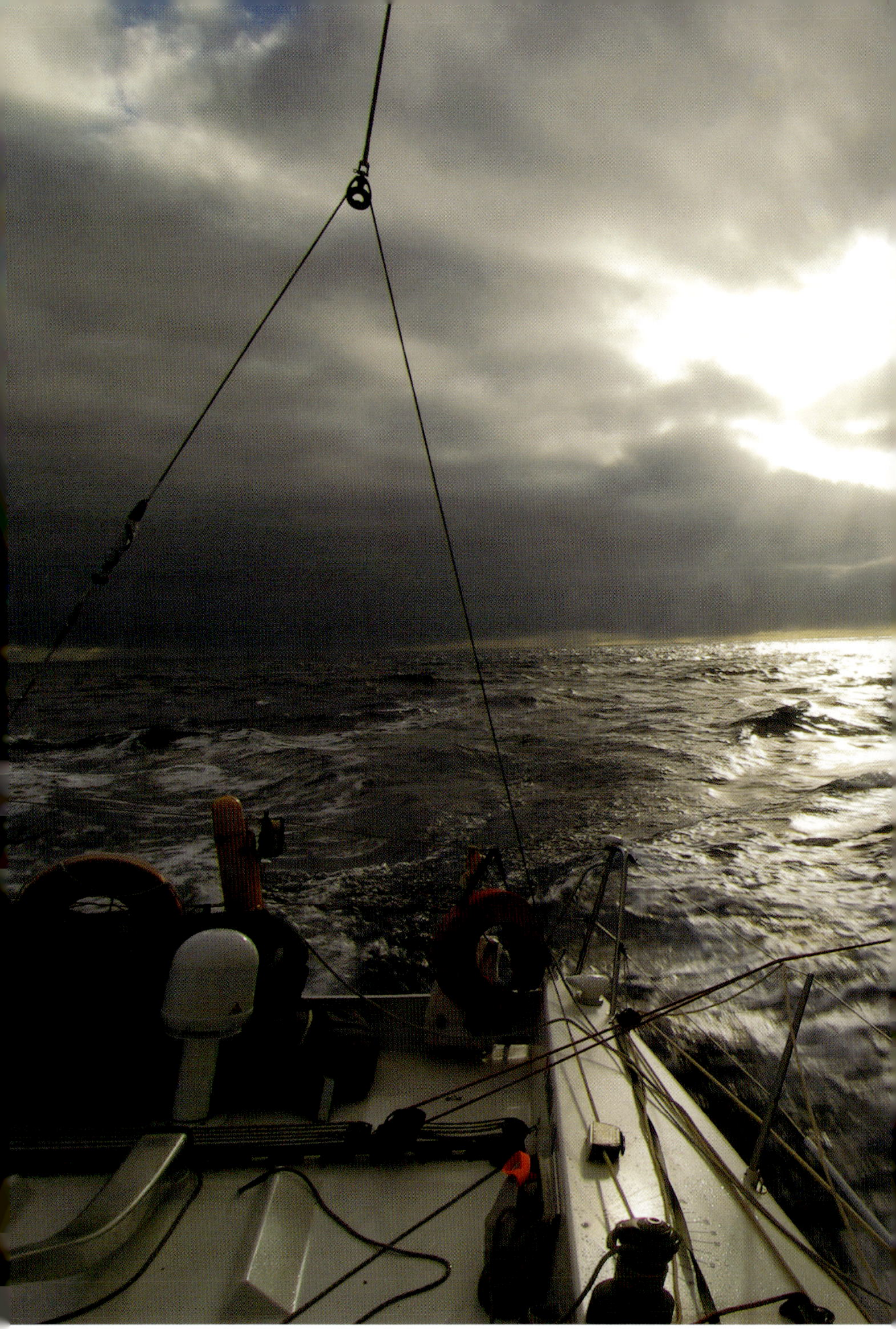

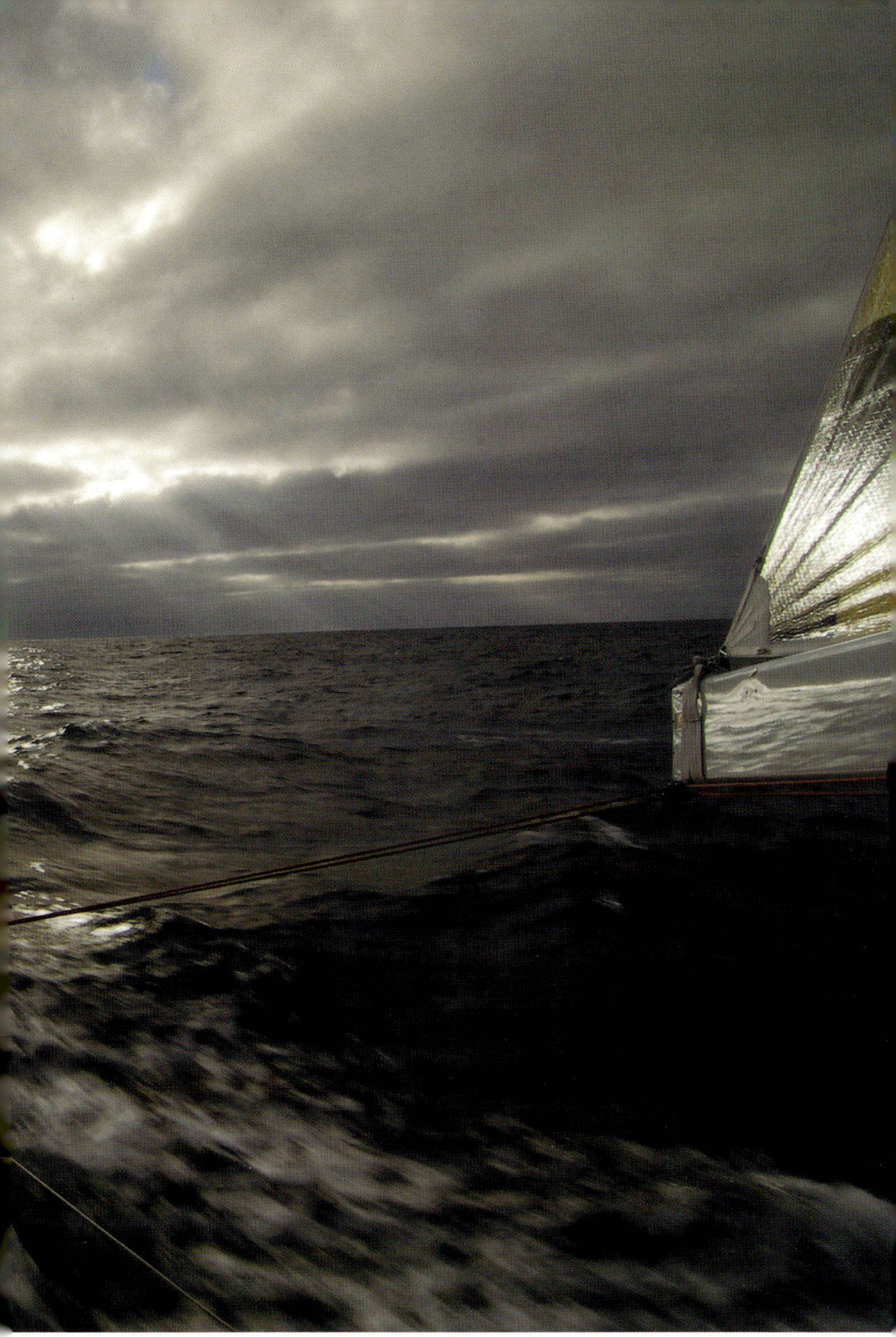

西に太陽が沈む。4時間オンデッキスタンバイ、4時間オン、4時間オフのサイクルで毎日を過ごす。慣れてくると1日はあっという間に過ぎる。毎日毎日同じこと、だけど1日1日自然の景色は全く違う。今日も素晴らしい夕日が楽しめた

夜になり軽風域につかまる。月明かりでセールを照らしての神経戦。トランスパックレースは満月に合わせて日程が決まる年もあるらしい

遠く夕焼けのカケラが残る。近年、ヨットのハード面の進化は目覚ましく、代表的な物の一つとしてLEDがある。光量（と言うのか？）が強く消費電力は少ない、まさにレースヨット向き

邨瀬キャプテンが舵を取る。その後ろで腕を組んでいるのは伊藤スキッパー。メルボルン〜大阪レースにも何度も出場しているスーパーコンビ

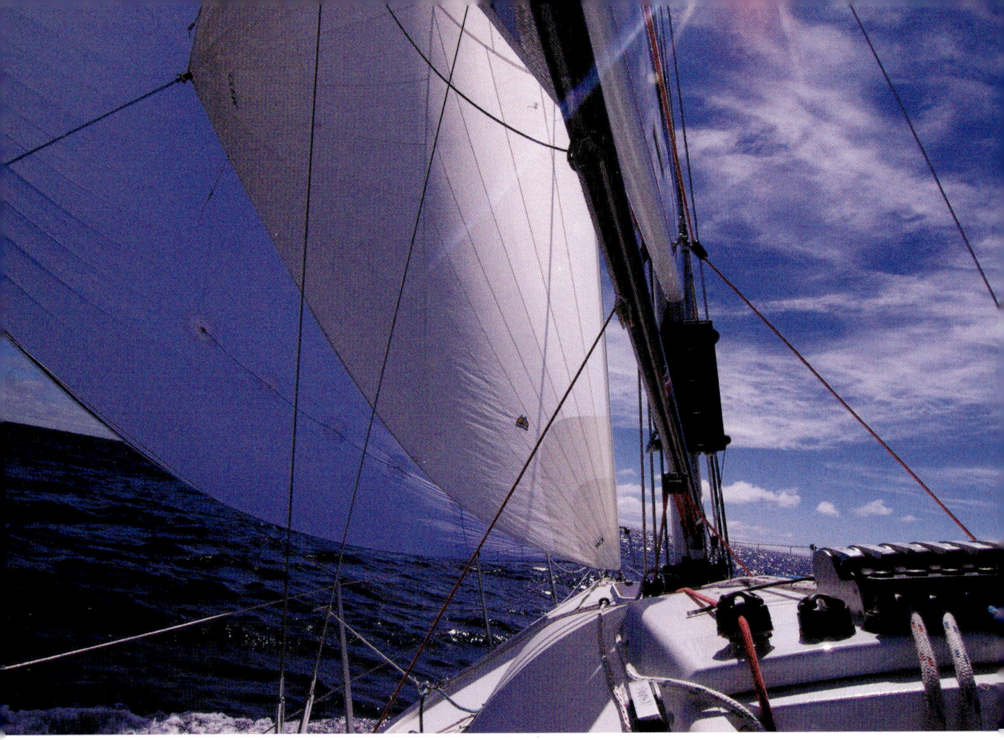

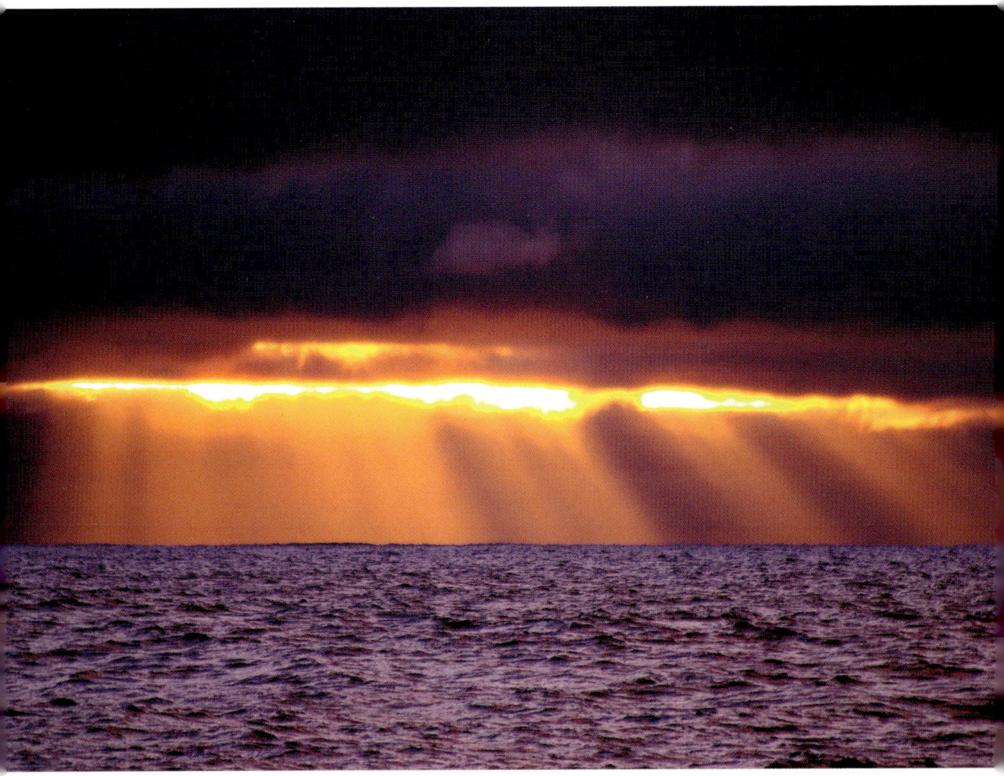

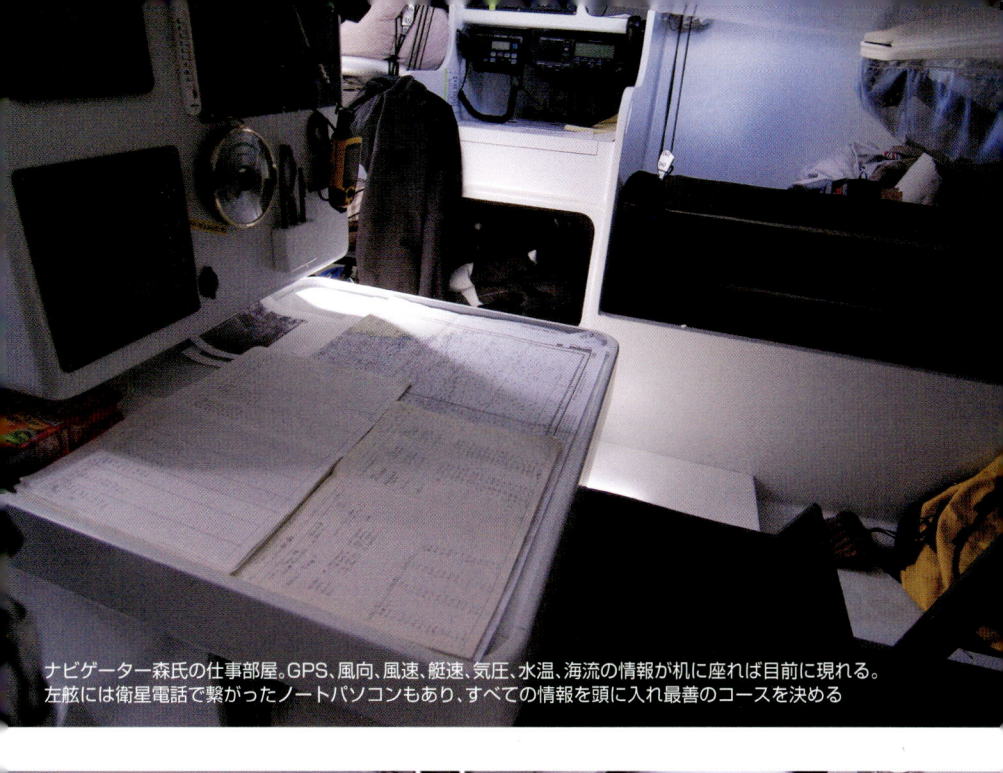

ナビゲーター森氏の仕事部屋。GPS、風向、風速、艇速、気圧、水温、海流の情報が机に座れば目前に現れる。左舷には衛星電話で繋がったノートパソコンもあり、すべての情報を頭に入れ最善のコースを決める

ロスの協力サポーター〈ゲーリー＆キャシー〉からの贈り物。なぜにサルなのか？ は不明だが……、彼らからの"気持ち"と共に走る

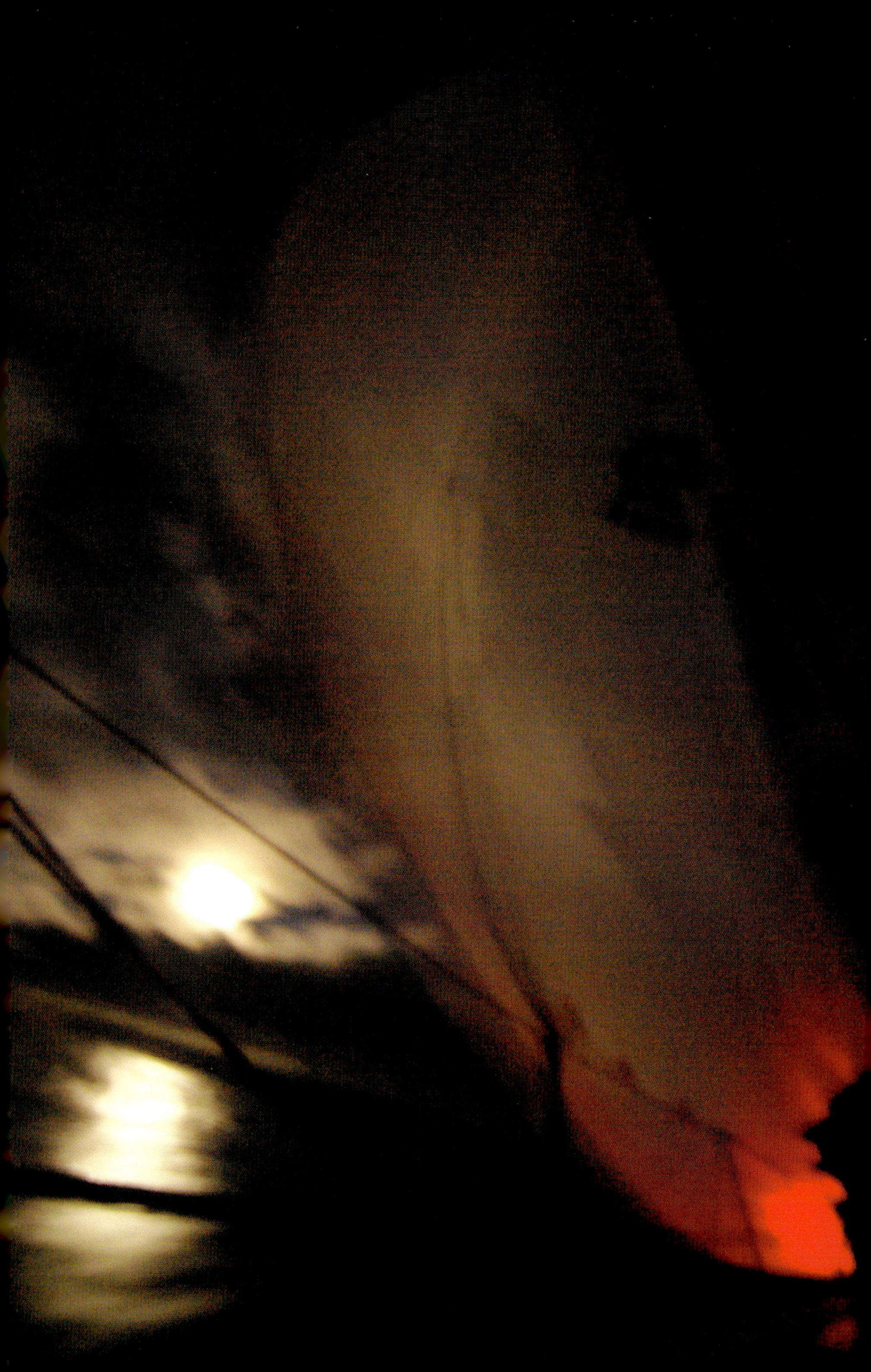

昇ったばかりの強烈な朝日を浴びて走る。夜中に湿ったセール、デッキ、合羽、何もかもが急速に乾いてゆく

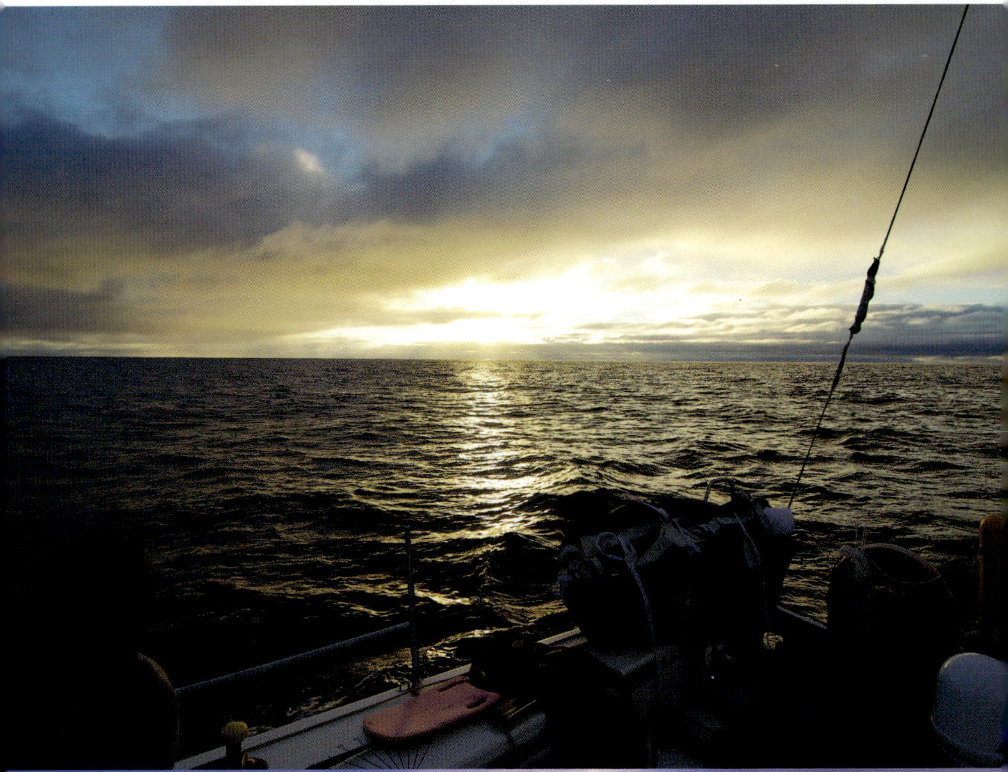

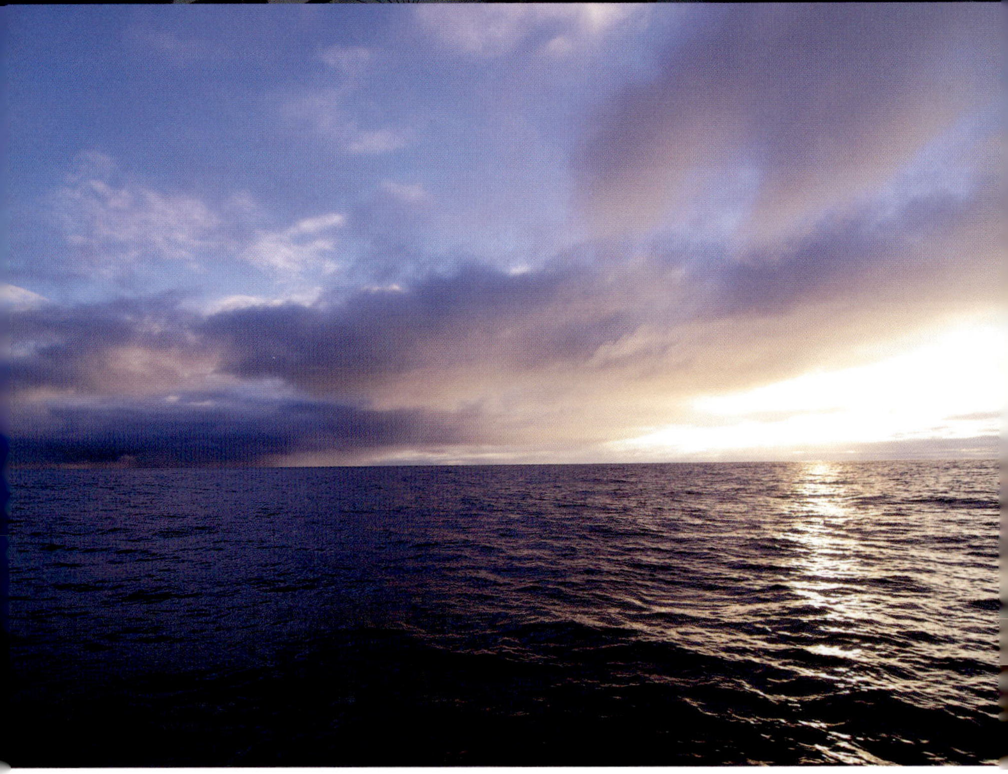

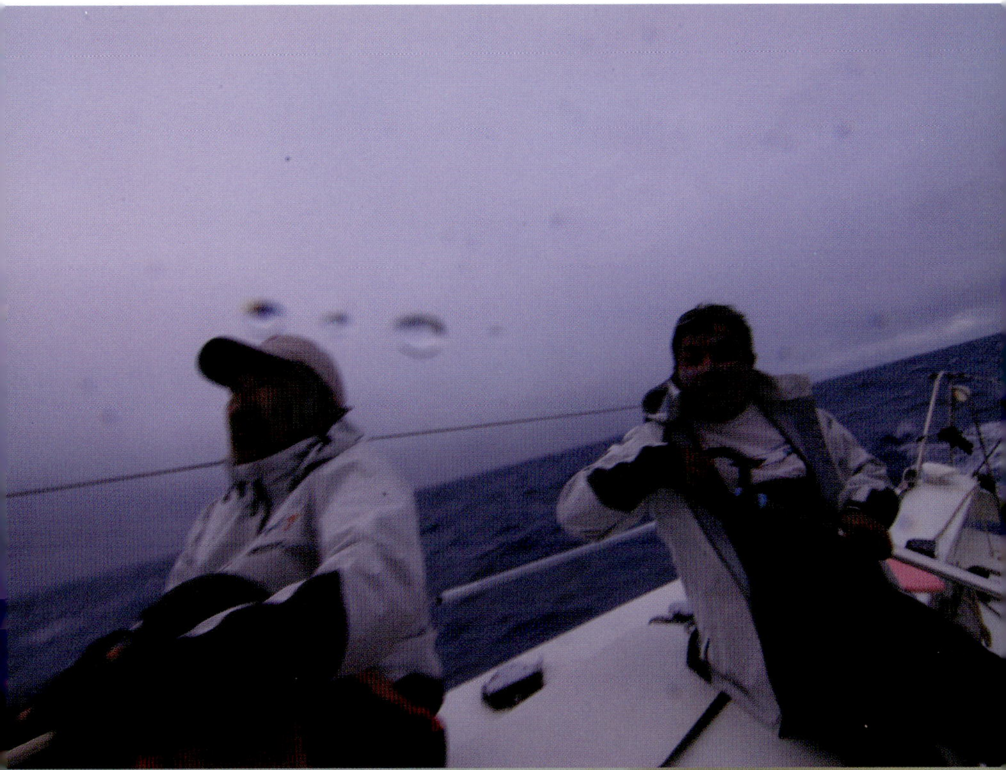
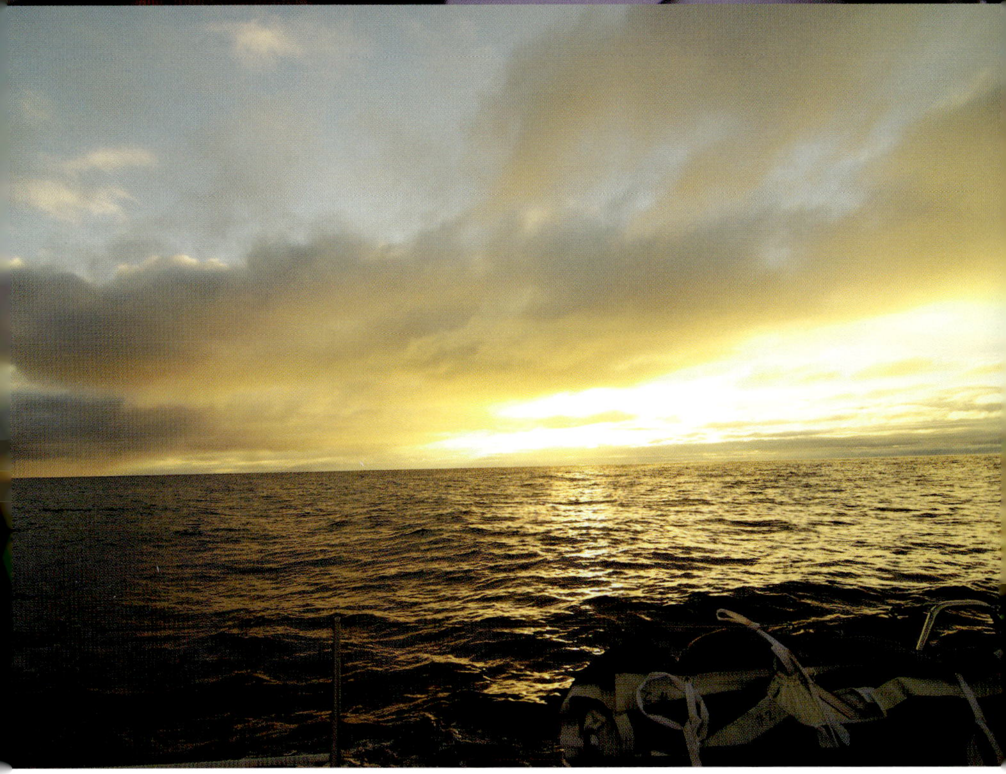

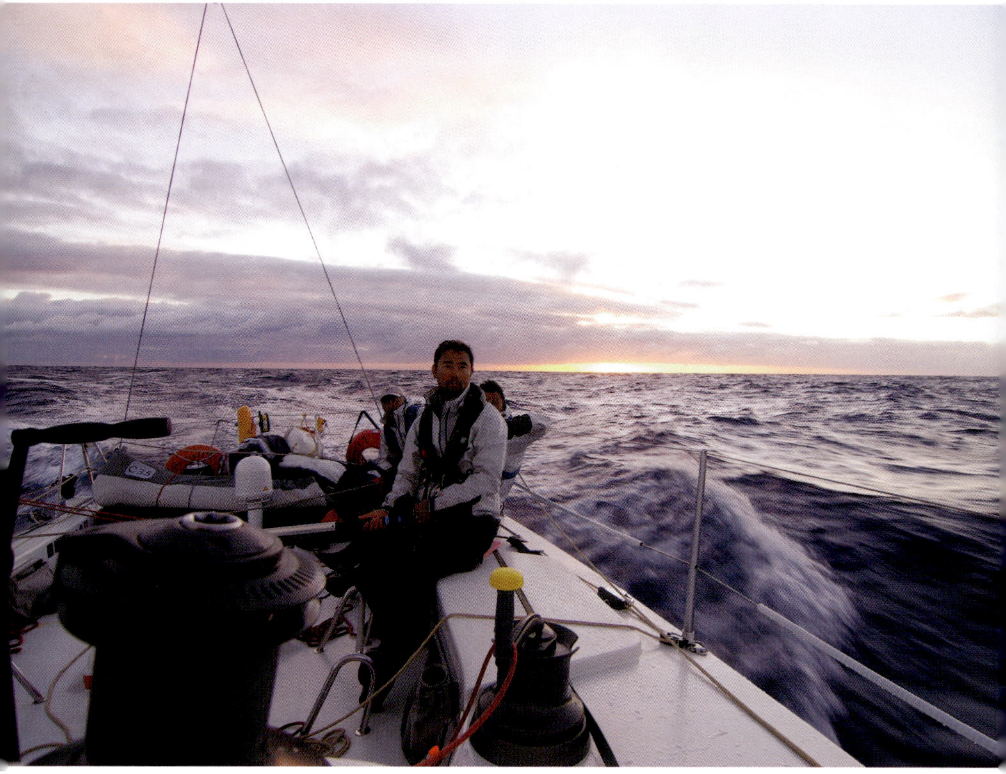

六分儀で太陽を捉え、自艇の位置を算出する森ナビゲーター。GPSを使えば簡単に位置が把握できる現代だが、これはトランスパックレースの中の"義務"作業となる、約100年の"伝統"ルール

毎日毎日極上のセーリング。波を越え、波を下る。日が傾き、太陽が落ちる

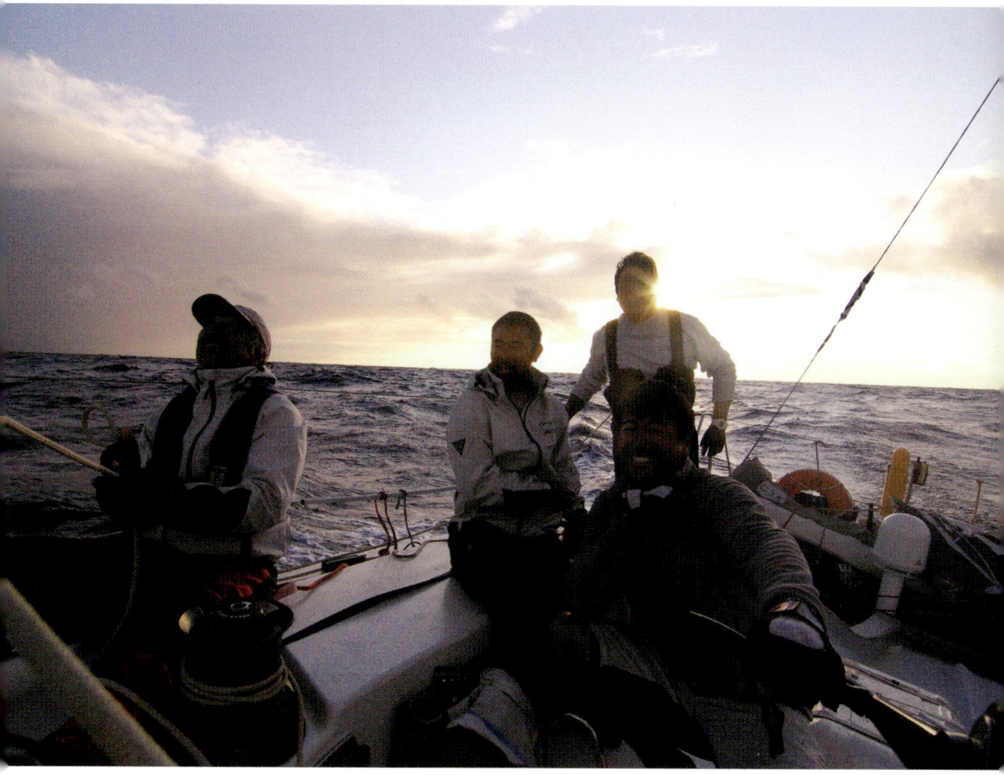

今回、チームに初参加の荒川氏。若くエネルギッシュなプロセーラーだ。集中力もあり高木氏と共に多くの時間、船を快調に走らせた

最終日の夜明け、南北に散らばっていたレース艇も、ハワイが近くなるにつれ集まってくる

モロカイチャネルへのアプローチ開始！　ワッチ体制も解除し、オールハンズのベストスピードで走る。疲労は極限に近づくが、遠くに見える陸地に皆、胸が躍る！　何度やっても飽きないこの瞬間！　これぞ、トランスパックレース

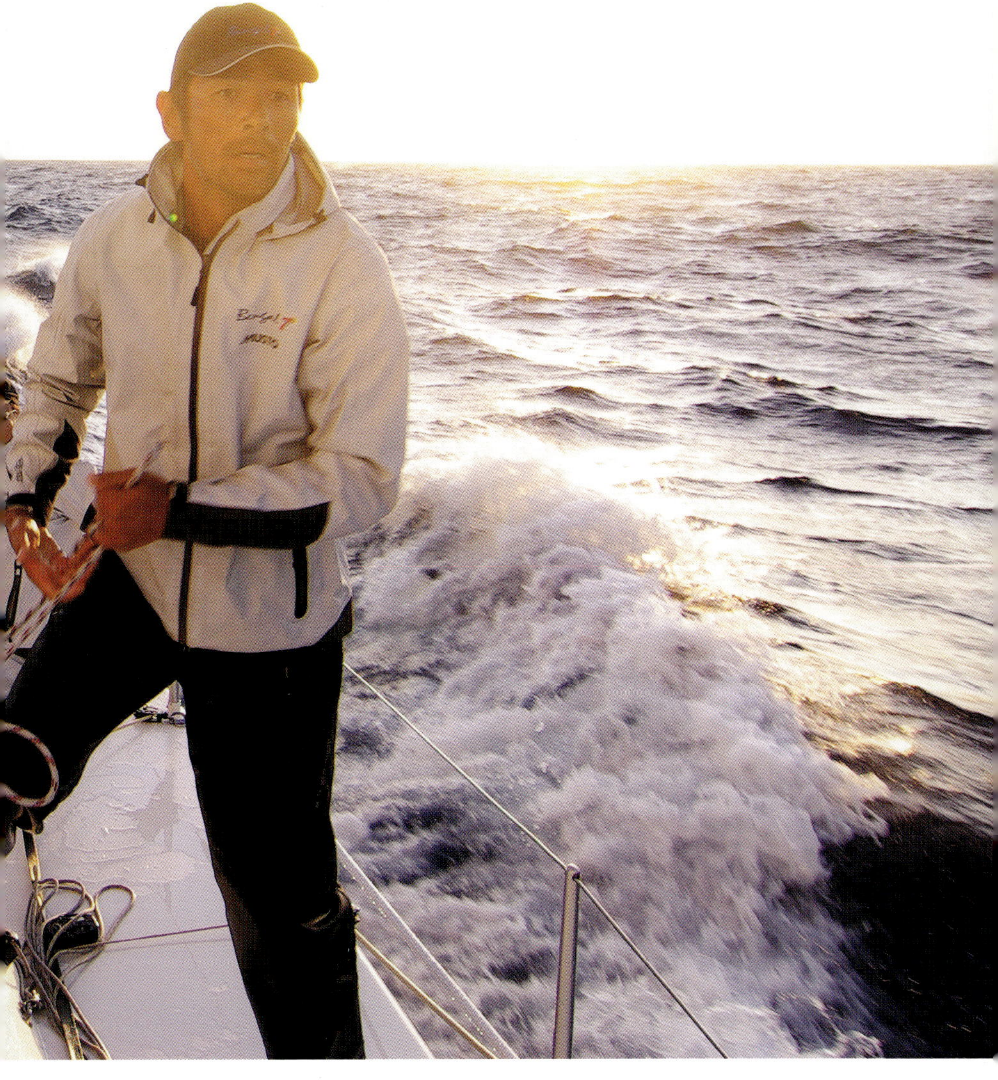

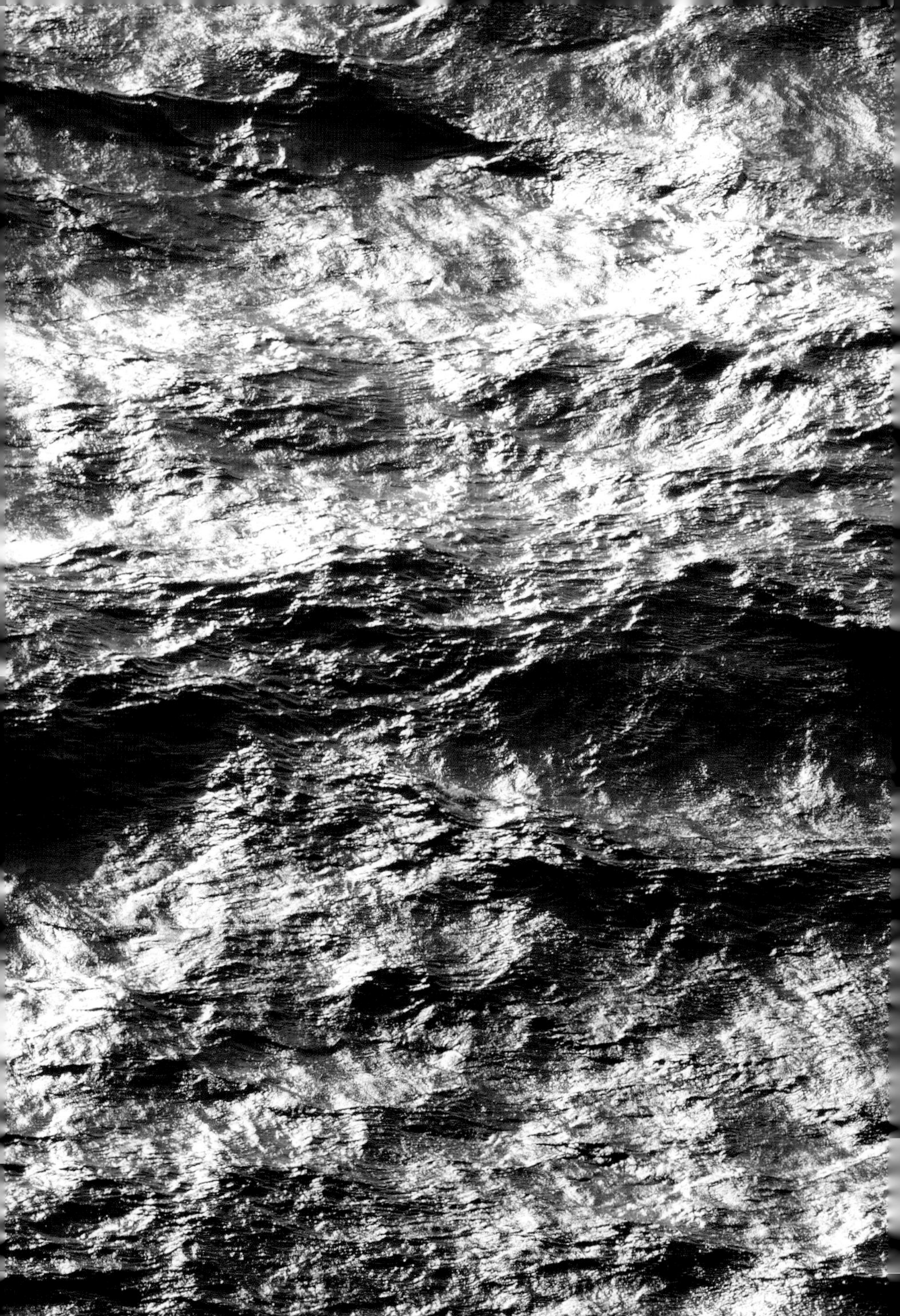

フィニッシュラインに向けて最終アプローチに入るベンガル7　photo / Yoichi Yabe

チームユニフォームのアロハに着替え、記念撮影。ダイヤモンドヘッドを背景に一瞬のカメラ目線

ダイヤモンドヘッド灯台とR2ブイの延長線がフィニッシュラインとなる。あと数十m、長く、辛く、最高の時間が終わる

今回のレースクルーの面々。10日間一緒にレースを乗り越えた仲間。大袈裟に言えば、お互い命を預けられる仲間。今回のキャンペーンで初めて合った人同士も10日間後にはこんな感じ。これもロングレースの魅力の一つ。とても爽やかな1枚…、だが10日間風呂に入っていない

ハワイヨットクラブ2階から歓迎のアナウンスと拍手を大音響で受ける。艇名とクルー一人一人の名前を呼び、長かったレースを労ってくれる。10日間ぶりのクルー以外の人の顔、声、音楽、建物に圧倒され、なんだか恥ずかしいが、最高の時間でもある

このトランスパックレースに限らず、多くのロングレースでは、レースを"する"のは、それほど大変ではないと思う。むしろ、スタートラインに"レースができる状態でいること"が重要だと思う。このチームは過去6回の参加を、ホームポートの愛知県から自力回航を行っている。帰りもまた自力回航で、回航中やレース中も大きなトラブルもなく参加できているのは、船の前から後ろ、上から下、様々な波や風、自然を熟知している安藤ボースンのような存在があってこそ。また彼を強力にバックアップする邨瀬キャプテン、伊藤スキッパーの存在も絶対不可欠である。回航クルーとその家族、レースクルーとその家族、関係するすべての人間が、チーム"一丸"とならねば、この大きなレースは無事には終われないだろう、と思う

6 こわれないチームを作る
Captain Interview

キャプテン・インタビュー／邨瀬愛彦　聞き手／矢部洋一

2001年の初挑戦以来、2011年まで6回のトランスパックに毎回出場を果たしているチーム・ベンガル。その間には、パシフィックカップ（サンフランシスコ〜ハワイ・カネオヘ）にも参加した。
しかも、そのうち4回は日本からロサンゼルスへ、3回はハワイから米国西海岸へレース艇を自力回航させてきた。そしてレースフィニッシュ後には、ハワイから日本への復路回航を4回こなしている。
キャプテンの邨瀬愛彦氏にチーム編成の要点を尋ねた。

Q：同じメンバーを中心にしていくつものヨットレースに長く参加を続けられる理由は？

邨瀬："こわれない"チーム編成と、力のある人を集めるというのは相反する場合があるように思います。ヨットレースのツワモノばかりを揃えようとすれば、チームは強くなる代わりにこわれやすくもなるという二面性があります。私の場合は、どちらかというと和を大切に長くお付き合いができるようにと考えて人を集めます。だからメンバーには協調性があって僕とウマが合う人が揃う。それがひとつの理由でしょうか。

Q：2011年のトランスパックには、新たなレースクルーが3人加わりました。

邨瀬：このときは、高速ドライビングができて集中力のある人を私たちのネットワークから探して選びました。協調性があって、

継続してやってくれる人。だからお会いする最初に、トランスパックを何回もやる気があるなら乗ってくださいという話をしています。でも、このレースに出るには、3週間くらい仕事を休まなければならない。だから（仕事を持つ）アマチュアのオリジナルクルーだけですべてをまかなうのは難しい。そこで、我々のチーム（クルー）には2系統、つまり国内のレースで主に乗る人と、2年に一度のトランスパックに主に乗る人とがある。後者はプロのセーラーかヨット関係の仕事についている人たちがほとんどになります。プロのセーラーの場合には、先ほども言いましたが、一回きりではなく、何回も出るという意志のある人を選んでいます。継続性は価値あることですから、大切にしています。

Q：長くトランスパックを続けてきて見えてきたものはありますか？
邨瀬：やはり、レースの輪の中により深く入って、皆と仲良く楽しめるようになったことでしょう。6回目にして、トランスパックヨットクラブの人たちや常連の参加者たちに、ちょっとは仲間として認められた気がします。

チーム・ベンガル　トランスパック・レースクルーリスト

2001年〈ベンガルⅡ〉
邨瀬愛彦　　冨永文彦
伊藤陽一　　高須雅規
安藤康治　　平野恭行
大橋旦典　　小林正季
寺尾和彦

2003年〈ベンガルⅡ〉
邨瀬愛彦　　守本孝造
伊藤陽一　　平野恭行
安藤康治　　森　治彦
大橋旦典　　矢部洋一

2005年〈ベンガルⅡ〉
邨瀬愛彦　　森　治彦
伊藤陽一　　冨永文彦
安藤康治　　横山大助
大橋旦典　　石原隆弘
平野恭行　　矢部洋一

2007年〈ベンガル7〉
邨瀬愛彦　　平野恭行
伊藤陽一　　森　治彦
安藤康治　　矢部洋一
大橋旦典

2009年〈ベンガル7〉
邨瀬愛彦　　森　治彦
伊藤陽一　　高須雅規
安藤康治　　原　健
平野恭行

2011年〈ベンガル7〉
邨瀬愛彦　　森　治彦
伊藤陽一　　高木　裕
安藤康治　　荒川海彦
平野恭行　　長尾正博

ベンガル／ホライズン　メンバーリスト
荒川　渡、荒川海彦、安藤康治、石原隆弘、石川雅己、伊藤陽一、江口恵利、大橋旦典、小粥昭六、奥平泰昌、川瀬達也、鬼頭裕幸、鬼頭洋二、畔柳正雄、小林正和、小林正季、佐藤公治、佐藤　純、千藤ますみ、高木　裕、高須洪吉、高須雅規、高須真澄、出口隆一、寺尾和彦、寺尾真裕子、道前美沙穂、冨永文彦、長尾正博、中根藤太、中斎龍美、鍋田智之、西　信介、馬場邦彦、馬場正彦（㈱気象海洋コンサルタント）、原　健、古川文士、松山幸弘、毛受慎悟、森　治彦、森島泰彦、守本孝造、矢部洋一、山田時徳、横山大助、渡辺明彦、渡辺麗華

7 外洋への準備
Offshore Boat Preparation

艇のハードウエアの準備については、最適なチェックリストがあるので以下に掲載しておこう。
これはトランスパックレースのための事前セミナー（2011年2月）で使用されたテキストからの抜粋・翻訳である。
このリストの中で、回航スキッパーの安藤が特に気に入っているのは、最初の「艇からすべてのものを下ろして、空にする」というところだ。艇からすべてのものを下ろして空にして、それから品物の搭載を始めるということは、搭載物の全リストを作ることを意味する。これは外洋航海者にとっては必須の作業ではなかろうか。
最後の「海に出れば、物は壊れる」というところも肝に銘じておきたい。（大橋且典）

7-1 Preparation
準備の概念

1. 艇からすべてのものを下ろして空にする
2. すべて部品はばらして掃除して油を注して組み立てる
3. 本当にレースに必要なものだけを搭載する
4. ライフラフトを検査所に送り検査を受け、証書を取得する
5. 艇を上架し、リグとラダーを取り外す
6. 船底をペイントする

7-2 Hull, Rudder and Prop
ハル、ラダー、プロペラ

1. 艇を上架する
2. キールの損傷をチェック
3. ハルの傷、気泡、はがれなどをチェック
4. キールボルトの増し締め
5. ラダーのガタ、クラック、はがれなどをチェック
6. ラダーをはずし、ラダーポストのチェック。
   クラック、ベアリングの磨耗度、ガタなどをチェック
7. プロペラをチェックして、
   ベアリングやセールドライブの様子を確認する
8. すべてのスルハルをチェックして掃除する
9. 船底を掃除しペイントする

7-3 Boom ブーム

1. ブームの中のロープをすべて取り外す
2. ブームを取り外す
3. ブームバングを取り外す
4. グースネックとストッパー類をすべてチェックする
5. バング取り付け部をチェックする
6. リーフラインを外す。痛んだエンドがあれば削除して処理しなおす

7-4 Running Rigging ランニングリギン

1. ハリヤードやトッピングリフトはすべて抜き取り、磨耗の度合いをチェックする。必要ならば取り替える
2. シートやガイの類はすべて、磨耗の度合いをチェックする。必要ならば取り替える
3. スピンポールやバウスプリットは全てチェックし注油する。その関連のロープ類もすべてチェック
4. スペアのハリヤード、シート、ガイなどの作成。必要ならばシートの交換

7-5 Sails セール

1. 修理の必要なセールはすべてセールメーカーに送る
2. バテン、バテンカーはすべてチェック
3. スペアバテンの作成。長さもちゃんとカットしておく
4. ストームセールのチェック。
   ストームジブ、トライスル、あればストームステイスル
5. ストームジブやトライスルを持っていなければ注文する

7-6 Fire Hose Test 艇体水漏れチェックの方法

1. ハッチ、その他をすべて閉鎖する
2. デッキ側の人間がホースで入念に、勢いよく注水
3. キャビン側の人間が懐中電灯持参で、もれなく水漏れをチェック
4. 水漏れ部分のすべてをシールする

7-7 Check Steering Wheel or Tiller
ステアリングホイール、ティラーのチェック

1. ケーブルのチェック
2. スペアパーツの発注

7-8 On Deck
デッキ上

1. パルピット、スタンションのチェック
2. ライフラインのチェックと増し締め
3. ウィンチの分解、掃除、注油
4. ウィンチハンドルの注油
5. ターニングブロック、スナッチブロック類にすべて注油
6. デッキ全体、特にハッチ、コンパニオンウェイハッチなどすべてをホースで水漏れチェック
7. 水漏れ部分のすべてをシールする

7-9 Engine and Fuel
エンジンと燃料

1. エンジン整備。水、オイルなどはすべて交換
2. エンジンマウントのチェック
3. オイル、冷却剤のチェック
4. 各ストレーナーを掃除
5. ホース、ホースクランプ、シーコックのチェック
6. 排気システムのチェック。漏れがないか
7. 燃料タンクのマウントをチェック。燃料漏れはないか
8. ギアオイル、セールドライブオイルのチェック

7-10 Below Deck / デッキ下

1. 全ビルジポンプ、ハンドル、ラニヤードのチェック
2. 床板の固定
3. コンロ、プロパンシステムのチェック
4. 消火器の整備
5. トイレの整備。ホース、ホースクランプのチェック
6. バースのチェック。リーボード、パイプバースのテークルの整備
7. アンカー、アンカーロープ、もやい等の整備

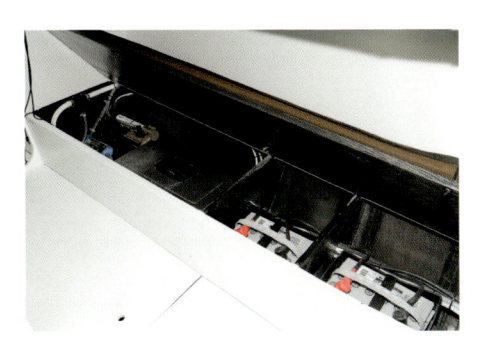

7-11 Electrical & Electronics / 電気関係

1. バッテリーチェック、バッテリー液の補充。必要なら新品と交換
2. バッテリー整備
3. オルタネーターのチェック、必要なら交換
4. 電気製品をすべてチェック
5. 航海計器の調整
6. コンパスの調整
7. 航海灯電球を新品と交換、その他すべてのライトを新品と交換
8. スペアの航海灯を準備

7-12 Plumbing, Water and Fridge
水系統の配管、冷蔵庫

1. 冷蔵庫の整備
2. 造水器の整備
3. 清水タンク、シンク、清水ポンプ、ホース、クランプ、シーコックなどのチェック
4. 水面下のホースクランプはすべて、ダブルクランプとする
5. トイレの整備。ホース、ホースクランプ、シーコックのチェック

7-13 Communication
通信機器

1. VHF無線機とアンテナのチェック
2. ハンドヘルドVHF無線機のチェック
3. SSB無線機とアンテナのチェック
4. 上記3系統すべての実働チェック
5. VHFとSSBの非常用アンテナの作成
6. 衛星系通信機のチェック
7. コンピュータ機器、インバーター、その他インターフェイスのチェック

7-14 Safety 安全備品

1. ISAF外洋特別規定はヨット乗りのバイブルだ
2. ライフラフトの搭載固定
3. EPIRBの登録、電池のチェック
4. 期限切れフレアー類はすべて更新する
5. ジャックラインをデッキに設置
6. 全クルー用のライフジャケット、ハーネスの存在確認。正しく着用できるかどうかの確認
7. 艇上でのトラブルのほとんどすべてに対応できるだけの工具とパーツの存在確認

7-15 Things Will Break 物は壊れる

1. 海に出れば、物は壊れる
2. トラブルが大きくならないように、小さいうちに解決できるように、出発前に出来るかぎりのことを完了させる
3. ロスとホノルルの間にウエストマリンはない
4. カタリナ島を越えたら救助艇は来ないものと思え
5. スタートして2日経ったら、コーストガードの救助はないと思え
6. 何が壊れようとも、自分自身で修理解決しなければならない
7. 何が壊れてもよいように、修理のための工具や材料は搭載しておくべきである

8 資料：レースクルーの ワードローブ（衣類）
Race Crew Wardrobe

Photo / Sharon Green

2011 Race Team Clothing
2011年レース用チームウェア

チーム・ベンガル　レースウェアリスト
ゴアテックスジャケット(LPXシリーズ)
ゴアテックスショーツ(LPXシリーズ)
薄手フリース
セーリングパンツ
セーリングショーツ
ロングスリーブTシャツ
帽子(速乾性キャップ、色：黒、ライトストーン)
帽子(速乾性ハット)
(以上、すべてムスト―製)
アロハシャツ(綿100％)
ポロシャツ(綿100％、色：グレー、ホワイト)

コメント：チームウェア担当／荒川海彦

初めてのトランスパックレース参戦で、ヘルムスマン＆セールトリマー担当のほかに、チームウェア検討の役目を担った。

〈寒さ対策〉

はじめの3日間は寒流の中をリーチングで走るため非常に寒い。カッパはムストーのMPXシリーズでゴアテックスのオフショア仕様のスモックとサロペットを選択した。実際ハードな状況でスプレーがバンバンかかっても問題なく、特にインナーはその時々のコンディションによりベースレイヤーとミドルレイヤーの重ね合わせの調整で快適な体温調整ができ、レースに集中できた。

〈日差しと雨対策〉

ハワイに向けて南下し始めるとダウンウインドでのサーフィンを楽しむコンディションとなり、日増しに日差しが強くなり、さらに風を上手く拾うためにスコール雲をよく観察しその雲下の強い吹き出しを狙ってセーリングしていくため、雨の中を走ることが多い。風に合わせてジャイブの回数も多い。

このレグ用にチームユニフォームとして揃えたのはムストーのLPXシリーズ(ライトウェイトゴアテックス)。ジャケット付属のジッパーで取り外し可能なフードは、スコールの中で非常に役に立った。ショーツはレース艇のノンスリップデッキにも対応できるシートパッチ付き(シートパッチ：ポリアミドをベースにした高強度素材。耐摩擦性・耐引裂性に優れている)。ジェネカーでセーリングできるようになってからはLPXのジャケットとショーツを毎日愛用した。

近年は素材がハイテク化して、着心地、機能性、耐久性などとても優れたものが出てきている。高品質素材のアイテムは高価になりがちだが、その分、洋上では快適さと絶大の信頼を約束してくれると思う。

2011 Race Team Clothing
ベンガル7　2011年レース用チームウェア

1.ゴアテックスジャケット

3.薄手フリース

2.ゴアテックスショーツ

4.セーリングパンツ

5.セーリングショーツ

6.ロングスリーブTシャツ

7.帽子(速乾性キャップ)

8.帽子(速乾性ハット)

9.アロハシャツ(綿100%)

Crew's Personal Clothing
チームウェア以外の個人用アイテム

邨瀬愛彦(むらせよしひこ)**1951年生まれ、59歳　オーナー／キャプテン、ヘルムスマン**

・オイルスキン上(ヘンリーロイド、ライト)1
・オイルスキン下(ムストー、ヘビー)1
・ウインドブレーカー(ムストー)1
・トラウザー3 (ムストー 長1短2)
・フリース上下各1
・フリースベスト1
・アンダーウェア(上下長各2、上短Tシャツ型3　下短5すべて綿0％)
・セーリングシャツ(化繊　長2)
・ソックス5(防水厚手1　スタート後3日間使用、ウエストマリンで購入、並厚4　綿0％)
・シューズ2(ハーケンスニーカー型デッキシューズ、デュバリーブーツ)
・グローブ2(指ありヘビー、ウエストマリンブランド、指なし)
・タオル5(化繊2 速乾、抗菌、防臭性のあるもの、手ぬぐい3　温泉宿等でよく使う薄手のもの)
・サングラス2

コメント：オイルスキンのトラウザーは経年のため、防水性が少し落ちていてやや不快だった。十分に機能を保っているテスト済みの新しいものにするべき。

＊年齢は2011年10月時点のものです

伊藤陽一 (いとうよういち) 1967年生まれ、44歳　ワッチキャプテン

- ウェザージャケット1(ギル インショアライトジャケット)
- ウェザーサロペット1(ギル インショア)
- セーリングブーツ1(デュバリー シャムロック)
- デッキシューズ1(ウエストマリンで購入、メッシュタイプ)
- ビーチサンダル1(ユニクロ)
- ショートパンツ(ムストー×2、ユニクロ(化繊で薄手の物)×2)
- 薄手フリースジャケット1(ムストー)
- フリースジャケット1(ランズエンド)
- ハット、キャップ(ムストー　各1)
- インナーロング上下2(ヘリーハンセン)
- インナーロング下1(ムストー)
- 半袖Tシャツ(ムストー×1、ユニクロ(化繊で薄手の物)×2)
- ロングスリーブTシャツ(ムストー×1、TP2009&TP2007ウェア各1)
- 下着4(ユニクロ(化繊の物))
- 靴下2(綿製)
- サングラス2(ユニクロ)
- タオル2(化繊で吸水、速乾性のあるもの)
- アロハシャツ1
- 歯ブラシ、歯磨き、アルコールが若干入った顔ふき、目薬、綿棒など1式

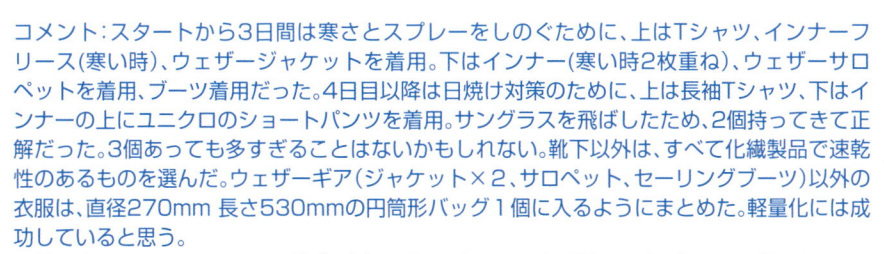

コメント:スタートから3日間は寒さとスプレーをしのぐために、上はTシャツ、インナーフリース(寒い時)、ウェザージャケットを着用。下はインナー(寒い時2枚重ね)、ウェザーサロペットを着用、ブーツ着用だった。4日目以降は日焼け対策のために、上は長袖Tシャツ、下はインナーの上にユニクロのショートパンツを着用。サングラスを飛ばしたため、2個持ってきて正解だった。3個あっても多すぎることはないかもしれない。靴下以外は、すべて化繊製品で速乾性のあるものを選んだ。ウェザーギア(ジャケット×2、サロペット、セーリングブーツ)以外の衣服は、直径270mm 長さ530mmの円筒形バッグ1個に入るようにまとめた。軽量化には成功していると思う。

日焼け止めクリームは、かなり粘度が高い(固い)クリームを厚塗りしたが、やはり焼けたので、こまめに上塗りするしかないようだ。アルコールが若干入った顔ふきを持参したが、日焼けした顔には刺激が強すぎて痛かった。低刺激性のものを選んだ方がいいと思う。

平野君が持っていたクールダウン用の「魔法の水」がとても良かった。シャツの上からスプレーすると、「ひんやり」して、とても爽快な気分になれた。またレース中、お尻に「できもの」ができてしまったが、邨瀬オーナー持参の軟膏を拝借して、2日で完治。ロングレース中に適切なお薬が使用できて、とても助かりました。ありがとうございました。

安藤康治（あんどうやすはる）1958年生まれ、52歳　グラインダー、ピット、トリマー

- オイルスキン上下各1（ムストーMPX）
- ウインドブレーカー1（Gill、夏用）
- フリースジャケット1（ムストー、薄手）
- フリースパンツ1（ユニクロ）
- 長ズボン2（ムストー、スーパーの安売りの物、すべて化繊）
- ショートパンツ2（化繊）
- アンダーウェア長袖Tシャツ1（ワークマンで購入、冬用）
- アンダーウェア長袖Tシャツ3（ヘリーハンセン、アメリカで購入したもの、夏用）
- 半袖Tシャツ2（すべて化繊）
- アンダーウェアトラウザース1（ミズノ、冬用）
- アンダーウェアトラウザース2（ヘリーハンセン、夏用）
- 下着パンツ1（ワコール、化繊）
- キャップ2（化繊）
- ニット帽1（ワークマンで購入）
- 靴下6（綿と化繊の混合）
- サングラス1（ユニクロ、偏光レンズ）
- タオル4
- 日本手ぬぐい2
- セーリングブーツ1（デュバリー）
- セーリングシューズ1（トップサイダー）

コメント：レースユニフォームのオイルスキンはゴアテックスなので、保温性はよくないことがわかっていた。そこで、上はオイルスキンを重ね着した。後半、おしりが痛くなってきたこともあり、タオルをおしりにじかにあてて、クッションにした。汗も吸収し、とても快適だった。下着のパンツはスタート時にはいていたもので、レース中はトラウザースをじかに着用。海水で体が濡れないように、最後までオイルスキンのトラウザースとブーツを着用していた。

平野恭行（ひらのやすゆき）**1972年生まれ、39歳　グラインダー兼フォアデッキ**

- レインジャケット（現地ウエストマリンで購入、ハイネックのオフショア用）
- ジャケット（ムストーレースウェア、ゴアテックス）
- 薄手フリースジャケット2（ムストー、パタゴニア）
- トラウザー
- ショートパンツ（ムストー、ゴアテックス）
- ショートパンツ（ヘリーハンセン、薄手の化学繊維、夏用）
- セーリングブーツ（ムストー、ゴアテックス）
- ネックウォーマー（ユニクロ）
- ニット帽（ユニクロ）
- インナー長袖4（ヘリーハンセン、ポリプロピレンのベースレイヤー、夏用）
- インナー長袖1（ユニクロ、ヒートテック、ハイネック、冬用）
- インナートラウザース4（ユニクロ、ヒートテック、冬用）
- 長袖Tシャツ（ムストー、夏用）
- 半袖Tシャツ（ムストー、夏用）
- ハット（ムストー）
- 下着4（ユニクロ、化学繊維の物）
- 靴下4（登山用、化学繊維）
- サングラス
- ハンドタオル
- アロハシャツ
- ビーチサンダル
- セーリンググローブ

コメント：今回で6回目という心の余裕（いや油断）とレーシングユニフォームが支給されるとのことでカッパは楽観視していた。そのため、ジャケットは持っていかず、トラウザーは年季の入った防水性がなくなってしまったものを持ってきてしまった。ダウンウインドまでの3日間は、とりあえずある物を重ね着したが、1回のスプレーでトラウザーからブーツへの浸水を許してしまうほどの大失敗。何とか靴下への浸水を防ごうとゴミ袋をブーツと靴下の間に履いたりしたが、それでもまったく防げなかった。後半は日焼け防止を重視。日焼けは体力を奪うので、なるべく素肌をさらさぬよう気を付け、デッキからの照り返しもハンドタオルをねずみ小僧ばりにして顔への日焼けを防いだ。

毎回、個人の荷物としては軽量化していると思う。とはいえ寒い前半の上りの走りから後半のピーカンの常夏のダウンウインドまであるこのレースではこれが目一杯かな。

森 治彦(もりはるひこ) 1972年生まれ、39歳　ナビゲーター

- 薄手フリースジャケット1(パタゴニア)
- セーリングブーツ1(デュバリー)
- ラッシュガード1(オーシャンパシフィック)
- ウェットスーツ生地のセーリングパンツ1(Magic Marine)
- インナー長袖1(ポリプロピレンのベースレイヤー)
- インナー長袖1(ユニクロ、ヒートテック)
- インナートラウザース2(ユニクロ、ヒートテック)
- 下着3(ユニクロ、化学繊維の物)
- 靴下3(化学繊維)
- サングラス1
- タオル
- サンダル1(クロックス)
- セーリンググローブ1(ヘリーハンセン)
- PC2台、書類1式、チャート1式

ナビゲーター専任なので艇内から外に行き来しやすい服装を心がけた。オイルスキンを持って行かなかったのは判断ミスで、体調不良も重なった結果、前半はデッキに出るチャンスを減らした。
基本的にヘビーな衣類は持たず、ベンガルチームウェア＋インナーのみで重ね着で暖かさを確保する方針だったが、フリースや中袖Tはまだ減らせる。ラッシュガード、ウェットスーツ生地のパンツは急遽、潜る必要が生じたときの緊急用と保温用服装を兼ねて持参した。

高木 裕(たかぎゆたか)1960年生まれ、51歳　ヘルムスマン、タクティシャン

- ハンディーGPS
  （GARMIN 62SJ）
- 懐中電灯(小型LED)
- シーナイフ
  （ガーバー）
- キャップ
- インナーウェア4
  （モンベル長袖の
  速乾性のあるもの）
- カッパ上下(プーマ)
- サングラス
  （レイバン、偏光）
- 日焼け止め
  （ＵＶ50％カット）
- ライフジャケット
  （ベンガル備品）
- アロハシャツ1
- 短パン2
- ハーネス
  （ベンガル備品）
- ハーケンデッキ
  シューズ
- セーリングブーツ1
  （デュバリー）
- 靴下5
  （ショートタイプ）
- 下着パンツ
  （モンベル、メッシュ
  の速乾性のあるもの)
- タオル3

コメント：レース中いつも身に付けていたものは、シーナイフ、懐中電灯、GPS、日焼け止め。海の上では自分の身は自分で守る。安全第一を心がけていた。

長尾正博(ながおまさひろ)1968年生まれ、43歳　バウマン、グラインダー、ヘッドセールトリマー

- スモック1(セールレーシング、ゴアテックス)
- サロペット1(セールレーシング、ゴアテックス)
- ショートパンツ1(パタゴニア、ナイロン)
- ロングスリーブTシャツ1(パタゴニア、ポリエステル)1
- ロングスリーブTシャツ1(ヘンリーロイド、ポリエステル)1
- 長袖インナー2(ヘリーハンセン、ポリプロピレン)
- 長袖インナー2(ユニクロ、ヒートテック)
- インナートラウザーズ2(ヘリーハンセン、ポリプロビレン)
- インナートラウザーズ1(ユニクロ、ヒートテック)
- インナー下着4(ポリエステル)
- ソックス4(綿、化繊混合)
- ソックス1(ゴアテックス)
- ハット1(パタゴニア、ポリエステル)
- ニットキャップ1(ポリエステル、綿混合)
- ネックウォーマー1(ポリエステル、綿混合)
- ブーツ1(デュバリー、ゴアテックス)
- セーリングシューズ1(プーマ)
- サングラス1

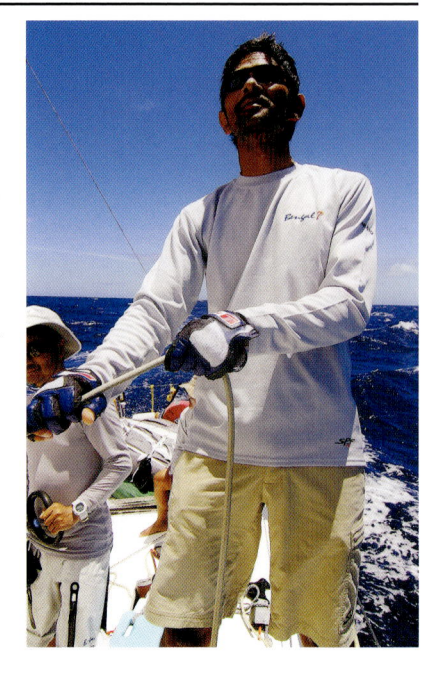

コメント:トランスパックは2回目の参加だったが、1回目は16年前とずいぶん前だ。そこでレースメンバーで経験豊富な平野さんから事前情報を得て準備をした。できるだけ軽量コンパクトに積み込もうと思ったが、寒さと日焼け対策が必要とのことでこれだけの量になった。
前半3日間のアップウインド、リーチングレグでは波もかぶり常に中も濡れた状態だったので思った以上に寒かった。失敗したのはオフショア用ジャケットを持ってなかったこと。ポジションがバウマンなのでスモックを選択したが、中に重ね着しても暖かさは十分ではなかった。ニットキャップとネックウォーマーも波等で濡れて機能は果たしていなかったので、やはりオフショア用ジャケット等が必要。後半のダウンウインドレグはあまり天気も良くなかったので自分としては暑さや日焼けは全く気にならなかった。
毎回のコース選択や気象状況によって違うと思うが、今回は夜の寒さ対策、濡れを防ぐ対策が特に必要と感じた。パフォーマンスが落ちては元も子もないので、高機能性アイテムを準備する必要があると思う。

荒川海彦（あらかわうみひこ）1978年生まれ、32歳　ヘルムスマン、セールトリマー

- オフショアスモック1（ムストーMPX）
- サロペット1（ムストーMPX）
- 厚手フリース上下1（ムストー）
- 防風ジップネックトップ1（ムストー）
- ライトウェイトベースレイヤー1（ムストー）
- ミッドウェイトベースレイヤー上下1（パタゴニア）
- 下着パンツ4（パタゴニア）
- ロングスリーブTシャツ1（ムストー）
- Tシャツ（ムストー）1
- セーリングブーツ1（ムストー）
- デッキシューズ1（ムストー）
- サンダル1（ハーケン）
- 靴下7（KANTA-RO、ゴアテックス1、ムストー厚手速乾ソックス2、ムストー速乾ソックス3、ユニクロ綿1）
- ハイテクタオル1（ムストー）
- 速乾サンバイザー1（ムストー）
- ネックウォーマー1（ムストー）
- ニット帽1（ムストー）
- セーリンググローブ2（ムストー）
- サングラス2（KAENON、オークレー）
- Gerber Compact Sport MT-400（パーソナルツール　写真01）
- ライフジャケット
- テザー（Spinlock）セーフティライン
- Sカッター（Spinlock　写真02）
- StreamLight 3N、MAGLight×2
- 時計（カシオ）
- 笛

写真01

写真02

コメント：寒暖の差が激しいので、重要なのは体温を調整するためのベースレイヤーとスプレーをシャットアウトするアウターレイヤーだ。以下は今回使用頻度の高かったウエアのベスト3。1. MPXオフショアスモック：スタート後3日間は常に使用。オフショア仕様なので襟がしっかりしていて頭にかかるスプレーを見事シャットアウトできる。2. アクティブベースレイヤー：機能性抜群で着心地最高！ストレッチ感がよく長時間着ていても疲れないし臭くならない。3. LPXショーツ：チームウエアのカッパ短パン。ゴアテックス素材で蒸れにくいため、デッキが濡れていても快適に座っていられた。

9 スタート地ロングビーチと、
Long Beach & Honolulu

トランスパックのスタート地は、明るい陽光輝く南カリフォルニアのロングビーチ、フィニッシュ地は常夏の楽園オアフ島ホノルルだ。どちらも、レースに参加するクルーだけではなく、それを見送り、迎える仲間や家族にとっても行きやすく、魅力的で楽しい場所である。

ロングビーチ Long Beach

レースのスタート地ロングビーチは、アメリカ・カリフォルニア州ロサンゼルスの南約30kmに位置する大港湾都市。2005年以来、市をあげてトランスパックを歓迎している。

レース艇の集合地になっているのは、ダウンタウン近くに開発されたウォーターフロント地区の中にあるレインボーハーバーというマリーナだ。周囲にはレストランやパブが軒を連ねていて、週末は多くの人で賑わう。ロングビーチのダウンタウンは、この数年で劇的にきれいで安全な雰囲気になって、新しい店も増えた。

少し南のニューポートビーチと合わせて南カリフォルニアのヨット、ボート遊びの一大拠点となっている。マリンショップなども充実して面白い。

①レインボーハーバー
②ロングビーチ側のホスト「ショアライン・ヨットクラブ」
③参加チームの荷物をハワイへコンテナで運ぶおなじみの業者Zachary Zorn
④ウエストマリン・ニューポートビーチ店

フィニッシュ地オアフ島ホノルル

ホノルル
Honolulu

ホノルルについては、今さら説明の必要などはないと思うが、あえて付け加えておく。

ダイヤモンドヘッド沖をフィニッシュしたレース艇が導かれて入港して来るのは、ワイキキビーチの西にあるアラワイ・ヨットハーバーになる。ただし、そこは水深があまり深くないため、ファーストホームを狙うような大型艇は入ることができず、さらに西のアロハタワー近くの岸壁などに係留される。

アラワイ・ヨットハーバーにはハワイ・ヨットクラブとワイキキ・ヨットクラブがあって、トランスパックのホストクラブとなり、レース参加者たちをクラブメンバーが総出で歓迎してくれる。レース参加艇関係者は、トランスパック受け入れの期間中、自由にクラブに出入りし、施設を利用することができる（通常はメンバーのみ）。どちらのクラブにも雰囲気満点のバーがあり、居心地の良いことこの上ない。

①ハワイ・ヨットクラブ
②ワイキキ・ヨットクラブ
③2009年と2011年にベンガルチームを迎えてくれたホノルルのボランティア・ホスト「ジミー・バフェット・レストラン&バー」の皆さん

いつの日か、トランスパックレースでお会いしましょう。
See you at the Transpac Honolulu Race someday.
Team Bengal

Special Thanks（感謝）to：
Transpacific Yacht Club, City of Long Beach, Shoreline Yacht Club, Hawaii Yacht Club, Waikiki Yacht Club, Kaneohe Yacht Club, Jimmy Buffett's Restaurant & Bar, Laguna Marina, Laguna Yacht Club, Weather & Marine Co. Ltd., Sharon Green / Ultimate Sailing

太平洋横断ヨットレースを目指す人へ
トランスパック読本
Team Bengal's Book of Transpac

2012年3月15日　第1版第1刷発行

著者：邨瀬愛彦（チーム・ベンガル）　有限会社 KLC
編集制作：有限会社 オフィスイレブン
協力：有限会社 ヴァンデスュタット大橋
デザイン：森山祥仁
発行者：大田川茂樹
発行所：株式会社 舵社
〒105-0013
東京都港区浜松町1-2-17
ストークベル浜松町
電話　（03）3434-5181（代表）
電話　（03）3434-4531（販売）

印刷製本：大日本印刷株式会社

落丁・乱丁本はお取り換えいたします。
○定価はカバーに表示してあります。
○無断複写・転載を禁じます。
©Yoshihiko Murase 2012, Printed in Japan
ISBN978-4-8072-1303-0 C2075